Fotografie:
Julia Ruby Hildebrand,
Ingolf Hatz

Dr. Volker Klenk

DAS MAULTASCHEN MANIFEST

50 kreative Gerichte mit der Königin
der schwäbischen Küche

CHRISTIAN

INHALT

DIE GESCHICHTEN

VORWORT

Der Himmel kann warten!

Als gebürtiger Schwabe wurden mir Maultaschen quasi mit in die Wiege gelegt. Die Maultaschen meiner Mutter Lisbeth sind die besten! Meine Liebe und Leidenschaft für diese außergewöhnliche Errungenschaft der schwäbischen Küche wurden im Laufe der Jahre in Hessen, wo ich seit über 30 Jahren lebe, immer größer. Bei mir geht das ganz tief. »Lieblingsessen« ist dafür nicht das richtige Wort, weil zu klein, zu gewöhnlich, irgendwie lauwarm. Maultaschen sind Teil meiner Identität. Sind ein genussvolles Stück Heimat auf dem Teller.

Sehe ich Maultaschen in einem Geschäft oder auf einer Speisekarte, muss ich sie einfach mitnehmen, bestellen, probieren. Obwohl ich ahne, meist enttäuscht zu werden. Erwische ich hingegen gut gemachte Maultaschen, geht mein Herz auf, der Himmel kann warten.

Seit vielen Jahren schon liegt mir die Pflege der schwäbischen Maultaschenkultur am Herzen. Ich will meinen Teil dazu beitragen, dass immer mehr Menschen gute Maultaschen schätzen lernen. Deshalb blogge ich seit 2014 über Maultaschen und schwäbische Genusskultur (www.oma-lisbeth.de/blog). Deshalb habe ich 2015 »Mein Maultaschen-Manifest« veröffentlicht, das dem ersten Kapitel dieses Buches vorangestellt ist. Deshalb habe ich 2019 den Gründonnerstag als »Welt-Maultaschen-Tag« ins Leben gerufen.

Dieses Buch ist in meinem wohlmeinenden Werben für die original schwäbische Maultasche sicherlich ein Meilenstein. Endlich gibt es ein großes Maultaschenbuch – gespickt mit rund 50 verschiedenen Rezepten. Solchen, die unsere Traditionen ehren, und solchen, die kreativ und experimentierfreudig neue Geschmackserlebnisse kreieren mit klassischen schwäbischen Maultaschen. Ergänzt und angereichert mit Geschichten, Anekdoten und Fakten rund um die Königin der schwäbischen Küche. Herausragend fotografisch in Szene gesetzt von Julia Hildebrand und Ingolf Hatz.

Besonders bedanken möchte ich mich bei meinen Töchtern. Bei Mascha für ihre Inspirationen und Unterstützung bei der Entwicklung der Rezepte. Bei Hannah für ihr Rezept einer veganen Maultasche sowie für ihre kritische und gleichsam tolerante Streitkultur, wenn es um gesundes und verantwortungsvolles Essen geht. Auch der Rest meiner Familie hat über mehrere Wochen mit klugen Tipps und Ratschlägen zum Gelingen erheblich beigetragen.

Ich wünsche allen Köchinnen und Köchen genauso viel Spaß damit, wie wir hatten beim Schreiben, Fotografieren, Filmen … und natürlich beim Genießen.

An Guada!

Beste Teigtasche der Welt

»Der, wo no nia a kesselfrische Mauldasch gessa hot, isch an armer Tropf!« Was die Schwaben mitleidig damit meinen, ist, dass es arme Seelen sind, die noch nie frisch gemachte Maultaschen aus dem Sud verkostet haben. Die anderen hingegen, die Wissenden, können von den komplexesten und besten Teigtaschen der Welt nicht genug bekommen. Denn die wecken Emotionen. Gabel für Gabel. Löffel für Löffel. So schmeckt das Schwabenland. In diesem Kapitel lüfte ich das Geheimnis ihres Erfolgs und beschreibe Schritt für Schritt, wie man solch köstliche Maultaschen zu Hause herstellen kann. In meinem Manifest ist nachzulesen, mit welcher Haltung ich Maultaschen herstelle und was für mich dieses einzigartige Kulturgut ausmacht – und was nicht.

DAS GEHEIMNIS IHRES ERFOLGS

Der Absatz von schwäbischen Maultaschen steigt seit Jahren rasant. Was aber macht die Maultasche so besonders, so einzigartig, so erfolgreich? Warum ragt sie heraus aus einer Vielzahl von überragenden regionalen Spezialitäten des Südens wie Spätzle, Schupfnudeln, Sauerbraten, Zwiebelrostbraten, Gaisburger Marsch, Alblinsen und so weiter? Wie konnte sie so eine Karriere hinlegen?

Erfunden als saisonales, »verlogenes« Fastengericht. Weiterentwickelt zum ganzjährigen Resteessen – noch bis in die 1970er-Jahre hinein. Seither aufgestiegen zur unangefochtenen »Königin der schwäbischen Küche« steht sie ikonografisch für die Küche des Südens. Ein berühmter Schwabe soll mal gesagt haben: »Ein Leben ohne Maultasche ist wie die Erde ohne Sonne!«

Ein weniger philosophischer, aber umso konkreterer Ausdruck dieser Wertschätzung manifestiert sich darin, dass viele schwäbische Kochbücher mit einem Maultaschengericht auf dem Cover um die Gunst der Leserinnen und Leser werben. Die Maultasche ist ganz nebenbei also auch zu **dem** Werbeträger der schwäbischen Küche geworden.

Maultaschen werden auf Staatsempfängen serviert, in der Sternegastronomie, in Hotels, in Universitätskantinen, aus Streetfood-Trucks, in Maultaschen-Restaurants. In den guten alten Gasthöfen sowieso.

Zur eigenen Kategorie geworden

Inzwischen entziehen sich Maultaschen jedem Versuch der Einordnung in Bekanntes. Sie haben sich zu einer eigenen Kategorie gemausert: weder ein Nudel- noch ein Fleischgericht.

Längst schon nicht mehr das Gericht, das man nur rund um Ostern schätzt, sondern ganzjährig begehrt. Der Slogan des weltgrößten Maultaschenunternehmens bringt dies genial-trefflich auf den Punkt: »Maultaschen gehen immer!« Mal ist sie Vorspeise, mal Hauptgericht, mal Beilage – oder ein Snack auf die Hand zwischendurch. Die Genießoptionen sind schier unerschöpflich: frisch aus dem Kessel, heiß, lauwarm oder ebenso genussvoll kalt aus dem Kühlschrank. Gedünstet, gekocht, gebraten oder gar über Holzkohle gegrillt. Am Stück, in Streifen, in Würfeln. Quer oder längs halbiert. Es ist ihr egal. Der Fantasie sind keine Grenzen gesetzt. Da bereits fertig gegart, sind sie ein zeitgemäßes Convenience-Produkt für die wachsende Zahl der Singlehaushalte und für die moderne Familie. Kinder lieben Maultaschen.

Ein nicht greifbares Wesen

Es gehört zu ihrem Wesen, dass ihr Inneres, die Füllung, immer wieder unvergessliche Genussmomente beschert, gerade dieses Innere aber nicht greifbar erscheint, da es sich im nächsten Familienrezept, im nächsten Restaurant schon wieder in einer anderen Rezeptur, einem anderen Gewand, einer anderen Geschmacksnuance offenbart.

Ein komplexes Multi-Zutaten-Produkt, in dem sich je nach Rezept zehn, zwölf oder fünfzehn verschiedene Zutaten harmonisch zusammenfinden müssen. Mit hohen Ansprüchen an die routinierte, handwerkliche Herstellung.

Doch wenn alles optimal zusammenspielt, erhebt sie sich aus der Masse der Konkurrentinnen und Konkurrenten um die Krone. Ehrliche, wundervoll harmonisch schmeckende, glückselig machende Gerichte entstehen.

Globalisierung eingeleitet

Der Beweis ihrer Sonderstellung ist für mich jedes Mal aufs Neue erbracht, wenn Besucher oder Gäste unsere Maultaschen probieren, die noch nie zuvor Herrgottsbscheißerle gegessen haben: »Wow, das hätte ich nicht erwartet. Das ist ja wirklich was Besonderes. Hmmmm!«

Maultaschen haben sich spät, aber mit wachsendem Erfolg aus dem Süden kommend bis weit nach Norden und in den Osten »ausgebreitet«, längst auch eine bescheidene Globalisierung vorangetrieben. Die »Eroberung« weiterer noch nicht »besetzter« Gebiete im Süden, Osten, Westen und Norden ist nur eine Frage der Zeit.

MEIN MAULTASCHEN-MANIFEST

In einem Manifest werden für gewöhnlich große politische Erklärungen und Ziele zusammengefasst. Mein Manifest ist von solchen Absichten weit entfernt. Vielmehr beschreibt es meine Grundüberzeugungen im Zusammenhang mit Maultaschen. Darin nehme ich klar Stellung zu offensichtlichen Fehlentwicklungen und der aktuellen Misere in der Lebensmittelindustrie. Jeder Satz davon ist ausschließlich meine persönliche Meinung.

Stets was Besonderes?

Man liest so oft: Die Maultasche sei die Königin der schwäbischen Küche. Das Beste, was der Süden kulinarisch hervorgebracht habe. Die schwäbische Maultasche ist demnach ein Premiumprodukt, oder? Schön wär's, denn die Realität in Restaurants, Kantinen und Supermarktregalen ist zumeist trist, ja erschütternd. Mich ärgert kolossal, welch mittelmäßige, teilweise gar unterirdische Ware als »schwäbische Maultasche« verkauft werden darf.
Die erfolgreiche überregionale Kommerzialisierung von Maultaschen-Mittelmaß steht im krassen Widerspruch zu der so hochgelobten Delikatesse.

Die Zutaten

Natürlich gibt es Tausende Familienrezepte, mit allerlei individuellen Vorlieben. Aber im Kern lassen sich die Grundzutaten von klassischen schwäbischen Maultaschen so zusammenfassen: viel Fleisch (Hack und Brät), viel Spinat, Weißbrot, Eier, Zwiebeln, Gewürze. Manche variieren mit Speck, Schweinebauch, Petersilie, Lauch. Je nach Region und Geschmacksvorlieben.

Diesen Zutatenmix für feine, traditionell hergestellte schwäbische Maultaschen kann man nicht verbessern. Denn in dieser jahrhundertealten, populären Einfachheit liegt das Geheimnis des unvergleichlichen, unverfälschten Genusserlebnisses. Ehrliche, traditionelle schwäbische Maultaschen sind nicht bemüht spektakulär, müssen nicht provozieren und schon gar nicht experimentell sein. Sie müssen schmecken wie bei Muttern. Oder wie bei Oma.

Maultaschen ohne Fleisch sind keine Maultaschen.

Das Problem mit vielen Maultaschen von Metzgereien: Die übertreiben es mit dem Fleisch. Ihnen fehlen die Balance und Lockerheit.

Das Problem mit vielen Supermarkt-Maultaschen: Sie enthalten meist zu wenig Fleisch, manche sogar unter 20 Prozent. Denn Fleisch ist teuer im Vergleich zu Brot, Zwiebeln oder Spinat. Rindfleisch wird aus demselben Grund, wenn überhaupt, nur in homöopathischen Dosen beigemischt.

Andere tricksen mit dickem Teig. Denn Teig ist billiger als Füllung. Es gibt Maultaschen, bei denen macht die Füllung gerade mal 55 Prozent aus – 45 Prozent sind Teig.

Die Füllung macht die Edel-Maultasche, nicht der Teig. Sie entscheidet über Güte und Finesse des Gaumenschmeichlers. Nur wenn jede einzelne Zutat von höchster Qualität ist und die Mischung stimmt, entsteht ein Geschmackserlebnis der besonderen Art.

Entscheidend ist, die einzelnen Zutaten sanft miteinander zu verkneten und zu mischen, bis eine locker-leichte Farce entsteht, bei der man die verschiedenen Inhaltsstoffe noch erkennen und herausschmecken kann. Nur so entsteht beim Garen eine zarte, saftige Maultasche mit optimaler Konsistenz. Und Konsistenz ist ein extrem wichtiger Güte- und Geschmacksfaktor.

Viele Hersteller zerhacken, zermanschen und mixen die Füllung jedoch viel zu kleinteilig, damit sie sich maschinell verarbeiten lässt. Man sieht solchen Füllungen nicht mehr an, was im Einzelnen drinsteckt.

Maultaschen sind rechteckig. Nicht rund und nicht dreieckig. Sie dürfen gerollt oder gewickelt und an den Seiten offen sein. Der Teig ist nicht die Zwangsjacke der Füllung. Maultaschen sind schließlich keine Ravioli.

Der Teig besteht nur aus wenigen, natürlichen Zutaten. Er muss sehr dünn sein, darf den Zähnen und dem Messer keinen Widerstand leisten. Gefärbte oder aromatisierte Teigsorten gehören in Kindergartenkantinen.

SCHWABE

Die Nichtzutaten

All das gehört nicht in SCHWÄBISCHE Maultaschen: Käse, Labskaus, Hummer, Lachs, Schnecken, Lamm, Jagdwurst, Bratwurst, Rauchfleisch, Landjäger, Schinkenwurst, Schinken, Wild, Geflügel, Pilze, Pesto, Nüsse, Zitronenschale, Chinakohl, Bärlauch, Mangold, Brokkoli, Rucola, Wirsing, Schnittlauch, Liebstöckel, Sellerie, Spargel, Kürbis, Tomaten, Karotten, Laugenbrötchen, Brezeln, Curry, Knoblauch, Kurkuma, Tabasco, Rosmarin, Worcestersauce, Hefe, Zitronensaft, Zucker, Traubenzucker, Senf, Milch, Sahne, Quark, Palmöl.

Wer will Ascorbinsäure, Dextrose, Diphosphat, Glucosesirup, Natriumacetat, Natriumcitrat, Säuerungsmittel, Verdickungsmittel wie Johannisbrotkernmehl oder Guarkernmehl, Zitronensäure? Niemand.

Spitzenköche müssen qua Anspruch alles variieren und selbst beste traditionelle Gerichte für ihre elitäre Kundschaft kulinarisch pimpen. Heraus kommen dann »Maultäschle gefüllt mit Gänseleber und Trüffel« oder »Maultaschen mit Kalbsbriesfüllung, Pfifferlingen und Steinpilzen an Petersiliensauce«. Sollen sie machen, aber dann bitte konsequenterweise den Dingen auch eigene Namen geben. Mit Maultaschen hat das nichts mehr zu tun. Sind halt Teigtaschen à la Sternekoch Müller oder Meier, Häberle oder Pfleiderer.

Nachspeisen mit süßen Füllungen wie Quark, Aprikosen, Birnen, Pflaumen und viel Zucker sind auch keine Maultaschen, sondern sollten gradheraus Dessert-Teigtaschen heißen.

Soul Food

Handgemachte schwäbische Maultaschen stehen auch für eine Rückbesinnung auf die einfache, bodenständige Küche mit frischen Zutaten aus der Region.

Die urschwäbischen Zubereitungsklassiker kommen dabei ganz ohne Chichi aus: Maultasche in einer guten Rinderbrühe, mit frischem Schnittlauch verfeinert. Oder mit geschmälzten Zwiebeln drüber. Oder in Scheiben geschnitten, geröstet in der Pfanne. Bei diesen ursprünglichen, authentischen Zubereitungsarten kommt garantiert der volle Geschmack zur Geltung.

Die Geschmacksgrundlage für die unzähligen neuen, pfiffigen, kreativen Rezeptideen wie Maultaschen-Burger, Salate und Pfannengerichte mit Maultaschen oder Maultaschenaufläufe bleiben natürlich gute Maultaschen.

Schlechte Maultaschen werden nicht besser in Tomatensauce, mit Käse überbacken, im Zitronensud oder als Gratin.

Maultaschen mit hochwertigen Rohstoffen sind gesund und ernährungsphysiologisch wertvoll sowie kalorienarm. Die Mischung aus Kohlenhydraten, Eiweiß, Fett und Vitaminen kann bedenkenlos mehrmals die Woche den Speiseplan bereichern.

Original schwäbische Maultaschen zaubern Lächeln auf Gesichter – sie machen glücklich!

GRUNDREZEPT SCHWÄBISCHE MAULTASCHEN – SCHRITT FÜR SCHRITT

Jede schwäbische Hausfrau weiß es aus Erfahrung: »Mauldascha macha isch a Heidagschäft!« (viel Arbeit!). Als ich noch ein Kind war, scheute man den Aufwand für Maultaschen nicht wie heute. Aber vieles ist verloren gegangen: die Bereitschaft, drei bis vier Stunden für etwas zu arbeiten, das es im Supermarkt zu Kilopreisen von unter zehn Euro gibt. Die handwerklichen Kunstfertigkeiten der Maultaschenproduktion. Und vielfach sogar die Familienrezepte. Welch ein Jammer.
Wobei an dieser Stelle gleich ein Missverständnis ausgeräumt werden muss: Geschmacklich liegen Welten zwischen selbst handgewickelten und industriell hergestellten Schwabentaschen. Das soll keine Kritik sein, nur eine nüchterne Feststellung.
Hinzu kommt: In unserer kurzatmigen, schnelllebigen Zeit fehlt dieselbe eben oftmals. Kochen muss schnell gehen. Muss unkompliziert sein.
Selber machen heißt aber eben: schälen, schnippeln, dünsten, würzen, mischen, streichen, rollen, schneiden, kochen, aufräumen, abwaschen, einfrieren …
Aber wie so oft im Leben gilt: no pain, no gain! Erst die Arbeit, dann das Vergnügen.
Es lohnt sich – versprochen! Denn, wie es Anton Hunger so treffend in seiner »Gebrauchsanweisung für Schwaben« beschreibt: »Eine Maultasche ist ein mit Liebe und edlen Zutaten gefülltes Teigtäschchen, das die Mundhöhle des Essers aufs Lieblichste füllt und seine Geschmacksknospen liebkost.«

Auf den folgenden Seiten beschreibe ich eine klassische Maultaschenrezeptur. Die Basis dafür ist unser jahrzehntealtes Familienrezept. Ich habe es von meiner Mutter. Sie hat es von ihrer Mutter … und so weiter. Von ihr habe ich das Handwerk der Maultaschenzubereitung erlernt.

Unser Familienrezept und Varianten

Die Maultaschentradition im Ländle lebt in hohem Maße von regionaler, kultureller und familiärer Vielfalt. Es gibt kleine Nuancen und himmelweite Unterschiede zwischen den überlieferten Rezepten in den Familien im Südwesten. Ich beschreibe daher an manchen Stellen, in Ergänzung zu meinem Grundrezept, mögliche Varianten. Ohne dabei beliebig zu werden. Ohne dabei die Linien zu überschreiten, die für mich markieren, was echte schwäbische Maultaschen auszeichnet. Siehe auch mein Manifest Seite 10.
Es gibt zwei »Gewerke« zu erstellen und zu verbinden: die Hülle und die »Fülle« (schwäbisch für Füllung).
Wir starten mit der Hülle.

Der Nudelteig

Weizendunst ist sogenanntes »doppelgriffiges Mehl«. Es liegt in der Teilchengröße zwischen Type 405 und Hartweizengrieß. Es nimmt wegen seiner Struktur Wasser besser auf. Der Teig wird dadurch gleichzeitig dehnbarer und stabiler. Gekocht hat er mehr Biss.

Für rund 60–65 Maultaschen (etwa 1 kg Teig)
Zubereitung: 30 Minuten
Ruhezeit: 30 Minuten

500 g Weizenmehl Type 405
500 g Weizendunst
8 Eier (Größe M)
1 EL Salz

Dem klassischen Muster folgend per Hand die beiden Mehlsorten mischen und einen Haufen bilden. Oben einen »Vulkankrater« eindrücken. Hier die Eier und das Salz reingeben. Zunächst vorsichtig und langsam mischen. Nach und nach Wasser dazugeben. Der Teig soll fest und glatt werden. In Handarbeit braucht das gut 10–15 Minuten. Dann muss er abgedeckt etwa 30 Minuten bei Zimmertemperatur ruhen.
Anschließend mit einer einfachen Nudelmaschine möglichst lange, möglichst dünne Teigbahnen herstellen (die Geräte gibt es für 40 bis 100 Euro). Die mögliche Breite der Teigbahnen bei solchen Maschinen liegt bei etwa 20 cm.

Meine Mutter und meine Omas haben den Teig früher selbst gemacht. Als Kind habe ich stundenlang dabeigestanden und fasziniert zugesehen. Mit welcher Genauigkeit der Teig unter dem geübten, sanften Druck des Wellholzes auf den kleinen Küchentischen immer dünner wurde. »Hauchdünn« muss er sein, sodass die Farbe der Füllung durchscheint. Manche sagen gar: Man muss die Zeitung durch den Maultaschenteig hindurch lesen können. Aber das ist dann doch eine stattliche Übertreibung. Die Küchenmeisterinnen von damals wussten auf alle Fälle aus Erfahrung ziemlich genau, wann der Teig die richtige Konsistenz hatte. Und wie dünn sie ihn ausrollen konnten, damit es später beim Wickeln keine Löcher gab.
Ziel: Der Teig soll dünner als 2 mm sein. Ohne Übung beim Kneten und Ausrollen geht es nicht. Auch hier ist aller Anfang schwer. Es ist allerdings auch kein Hexenwerk.

TIPP

Heutzutage kann man – zum Glück – fast überall im Handel ordentlichen Nudelteig in etwa 25–30 cm breiten Teigrollen erwerben. In Süddeutschland auch in vielen Bäckereien. Das spart viel Arbeit und Zeit. Man sollte beim Teigkauf darauf achten, dass keine oder nur wenige Zusatzstoffe bei der Herstellung verarbeitet wurden.

Die Füllung

Unser Familienrezept kommt mit den essenziellen Zutaten klassischer Maultaschen aus. Es kommt dabei auf jede einzelne Zutat an. Die Qualität muss stimmen, vor allem aber das Mischungsverhältnis, die Balance. Und die Bindung der feinen Farce, sonst werden die Maultaschen zu locker oder zu fest. Beides soll vermieden werden.

Für rund 60–65 Maultaschen (etwa 4 kg)
Zubereitung Füllung: ca. 1 Stunde 10 Minuten
Einweichzeit Brötchen: 30–60 Minuten
Wickeln und Garen: ca. 1 Stunde 30 Minuten
Ruhezeit bei späterem Verzehr: 1 Stunde

3 Milchbrötchen vom Vortag oder 200–230 g Weißbrot
800 g frischer junger oder 700 g TK-Blattspinat
Salz
600 g milde Gemüsezwiebeln
2 EL Sonnenblumenöl
16 Eier
400 g Rinderhack
400 g Schweinehack
800 g Bratwurstbrät
2–3 EL getrockneter Majoran
1 TL frisch gemahlener schwarzer Pfeffer
1–2 TL gemahlene Muskatnuss

Es gibt auch Rezepte, in denen nahezu alles in einer Füllung verarbeitet wird, was erlaubt und beliebt ist. Sie besteht dann bei den fleischigen Zutaten aus Schweinehack und gekochtem Rindfleisch und Bauchspeck und Brät. Als grüne Zutaten kommen Lauch und Blattspinat und Schnittlauch und Petersilie mit dazu. Meiner Meinung nach gilt hier jedoch die Küchenweisheit: Viel hilft nicht immer viel.
Ich möchte aber keinesfalls die spannende Vielfalt der schwäbischen Maultaschenrezepte ausblenden – oder unser Familienrezept über das geliebte Rezept anderer Familien erheben. Einfach diverse Varianten selbst ausprobieren. Als Grundlage für die individuelle Lust am Experimentieren hier meine Erfahrungswerte für eine ausbalancierte Zusammensetzung der sechs wesentlichen Zutaten:

ca. 20 %	Hackfleisch/Fleisch
ca. 20 %	Brät
ca. 20 %	Spinat/Grünes
ca. 15 %	Eier
ca. 15 %	Zwiebeln
ca. 10 %	Brot

Schritt 1: Zutaten vorbereiten

Alte Brötchen
Mit den Brötchen starten, denn die brauchen längere Zeit zum Einweichen. Am besten eignen sich einfache Milchbrötchen. Sie müssen altbacken sein, also 2–3 Tage alt und entsprechend trocken. Jetzt werden sie gewässert. Dazu die »Milchweckle« in eine Schüssel legen, die fast randvoll mit lauwarmem Leitungswasser gefüllt wird. Die Brötchen schwimmen darin zunächst. Legt man einen großen Teller oder ein Schneidebrett darauf, werden sie unter Wasser gedrückt und saugen sich gleichmäßig voll. Sie sollen bis ins Innere Wasser aufnehmen. Das kann bis zu 60 Minuten dauern, je nachdem wie trocken sie sind. Sind sie vollgesogen – auf jeden Fall bevor sie sich im Wasser auflösen –, herausnehmen. Jedes Brötchen von Hand vorsichtig auspressen. Dann in unregelmäßig große Stücke zerrupfen und zur Seite stellen.

Alternativen
Manche verarbeiten Toastbrot oder Weißbrot. Wichtig ist nur, dass es »altbacken« war und gewässert wird. Es braucht die Feuchtigkeit in der Füllung.

Spinat
Während die Brötchen einweichen, den frischen Blattspinat gründlich waschen. Gegebenenfalls den Strunk entfernen, wenn allzu große Blätter dabei sein sollten. Dann den Spinat in etwa 1 cm breite Streifen schneiden. Nicht mixen, sonst bekäme die Füllung einen Grünstich. Einen breiten Topf vorbereiten, etwa 1 cm hoch mit Wasser füllen, 1 TL Salz einstreuen. Sobald das Wasser kocht, den geschnittenen Spinat zugeben. Deckel drauf. Temperatur zurückschalten und den Spinat kurze Zeit blanchieren. Er verliert dabei viel Volumen. Den nun weichen, gedünsteten Spinat aus dem Topf nehmen, kurz in kaltem Wasser abschrecken, ausdrücken und gut abtropfen lassen. Auf die Seite stellen.

TIPP

Frischen jungen Blattspinat gibt es nicht ganzjährig. Als Ersatz nimmt man Tiefkühlware. Das Waschen entfällt. Man kann ihn nach dem Auftauen gleich klein schneiden und andünsten.

Alternativen

Das wohl zweithäufigste »Grün« in Maultaschen ist Petersilie. Manche mischen Spinat und Petersilie halb, halb. Jede andere Mischung ist auch machbar – je nach eigenen Vorlieben. Ich persönlich mag »Peterling«, wie er in meiner Heimat genannt wird, nicht in der Füllung, weil das Küchenkraut geschmacklich doch recht dominant auftritt. Andere mögen genau das. Einen küchenphilosophischen Anlass zum Streit liefert in meiner Heimat auch der Lauch. Dieses Gemüse wird ergänzt oder anstatt Petersilie oder Spinat verwendet. Aus meiner Sicht passt er nicht in eine traditionelle Rezeptur, da er nicht zu den frühjahrsgrünen Gemüsesorten gehört wie der Spinat.

Was auch immer noch zusätzlich reinkommen soll: Wichtig ist, Gemüse und Kräuter kurz zu dünsten.

Es gibt auch Familienrezepte ohne Spinat. Aber mal ehrlich: Was soll das für eine Gründonnerstagsspeise sein?

Zwiebeln

Dann die Zwiebeln schneiden. Nicht zu klein, sonst verlieren sie sich in der Füllung. Etwa 5 × 5 mm. Aber auch nicht zu grob hacken, sonst schmeckt ein Biss Maultasche nach Zwiebel, wenn man ein großes Stück davon abbekommt. Sie dürfen unregelmäßig groß sein.

Die gehackten Zwiebeln in Sonnenblumenöl anschwitzen. Zur Seite stellen und abkühlen lassen.

Es ist wichtig, Spinat und Zwiebeln als Erstes zu dünsten. Beide brauchen Zeit zum Abkühlen. Würde man sie heiß in die Füllung geben, würde das Eiweiß gerinnen in der Brät-Hackfleisch-Mischung und es würden unschöne Klümpchen entstehen.

Eier

15 Eier aufschlagen und in einer Schüssel bereitstellen. Zusammen mit dem Brät sorgen die Eier für die nötige Bindung der Farce – und für die Bindung zwischen Füllung und Teig beim Garen.

Hackfleisch

Wer das Hack selbst frisch herstellen möchte mit einem Fleischwolf, kauft dafür sehnen- und knorpelfreie Fleischstücke von Brust oder Schulter. Wer sich diese Mühen sparen möchte, geht zur Metzgerei seines Vertrauens, die auf Klasse statt Masse setzt, ihr Fleisch aus regionalen Quellen bezieht und auf ein hohes Tierwohlniveau achtet.

Man sollte dabei rigoros nachfragen. Aussagen wie »Wir kennen unsere Landwirte noch persönlich« sind nichtssagend. Ruhig darauf bestehen, zu erfahren, welche Haltungsstufe das Tier genießen durfte – oder aushalten musste.

Alternativen

Wir schätzen beim Hackfleisch die Fifty-fifty-Mischung. In anderen Familienrezepten finden sich alle denkbaren Mischungsvarianten. Mehr vom Schwein, wenig vom Rind – oder umgekehrt.

Besonders in alten Familienrezepten kommt Hackfleisch nicht vor. Vielmehr wird als Alternative kaltes Bratenfleisch klein geschnitten für die Füllung.

Womit ich mich geschmacklich nie anfreunden konnte, weil es ebenfalls zu dominierenden Geschmacksnoten führt: Räucherspeck und geräucherte Würste wie Landjäger.

Bratwurstbrät
Bratwurst-Grundbrät ist die Grundlage nahezu jeder Wurstproduktion, sodass jeder Metzger es regelmäßig herstellt. Es besteht aus fein gekuttertem Schweinefleisch. Neben Salz und Gewürzen wird in der Regel auch Wasser in Form von Flockeneis zugegeben, um die gewünschte Konsistenz zu erreichen. Früher wurde Brät von Hand mit dem Wiegemesser oder Mörser hergestellt.

Achtung: Frisches Bratwurstbrät gibt es bei vielen Metzgereien nur auf Vorbestellung. Brät ist überaus wichtig für die Konsistenz der Füllung und die Bindung.

Alternativen
Manche verwenden weniger Brät und arbeiten mit einem höheren Anteil an Fleisch. Es gibt nicht wenige Familienrezepte, die auf Brät gänzlich verzichten. Solche Füllungen sind dadurch trockener, haben weniger Bindung. Sie werden dann in rundum geschlossenen Taschen gekocht, damit die Füllung nicht zerfällt beim Garen. Zudem besteht das Risiko, dass die Bindung zwischen Füllung und Teig nicht gegeben ist – denn diese kommt ausschließlich aus der Füllung.

Schritt 2: Würzen und Mischen

Eine sehr große Schüssel nehmen und die vorbereiteten Zutaten in dieser Reihenfolge hineingeben: Hackfleisch und das Brät. Spinat, Brot und Zwiebeln. Dann die Gewürze und 3 EL Salz. Jetzt mit wassernassen Händen die Zutaten vorsichtig und ohne Hektik vermischen. Auf keinen Fall mit Geräten quirlen oder mixen! Dabei immer wieder mit offenen Händen in die Füllung hineingreifen und die Finger schließen. Dieser im wahrsten Sinne des Wortes handwerkliche Akt ist ein Schlüsselmoment in der Herstellung.
Metzgereien und große Hersteller mischen und mixen die Zutaten der Füllung natürlich maschinell. Das ergibt dann leider meistens einen eher kom-

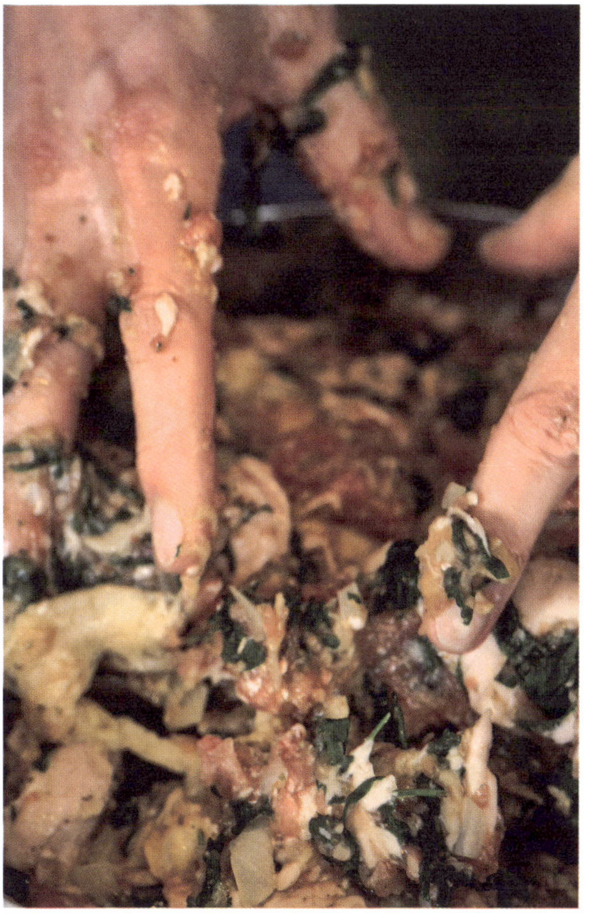

pakten Brei. Das möchte ich unbedingt vermeiden. Deshalb verwende ich zu Hause dafür auch keinen Fleischwolf.
Entscheidend ist, die einzelnen Zutaten sanft miteinander zu verkneten und zu mischen. Bis eine locker-leichte Farce entsteht, bei der man die verschiedenen Inhaltsstoffe immer noch erkennen und herausschmecken kann. Man darf also auch nicht zu lang und zu intensiv mischen. Die ungleich großen Zwiebeln, Spinat- und Brotstücke sollen in ihrer Unvollkommenheit erhalten bleiben. Die Vermengung per Hand führt so zu der erwünschten ungleichmäßigen Durchmischung der Zutaten: hier mehr Spinat, dort mehr Brät, anderswo mehr Hackfleisch. Und das ist gut so. Denn dadurch entsteht später beim Garen eine zarte, saftige Maultasche mit fluffiger Konsistenz. Mehr zu dieser Form der Perfektion durch »imperfekte Konsistenz« siehe Seite 54–55.
Nach dem Mischen die rohe Masse verkosten. Kein Gewürz soll dominieren. Gegebenenfalls nachwürzen.

Schritt 3: Wickeln und Portionieren

Dafür braucht es eine lange, glatte Arbeitsfläche – für das Auslegen des selbst ausgewellten Teigs bzw. der gekauften Teigrollen. Zudem ein Palettenmesser, einen Backpinsel, ein scharfes Messer und einen Holzrührlöffel.
Das verbliebene Ei aufschlagen, in einem kleinen Schüsselchen mit einer Gabel verquirlen.
Der Teig formt die Tasche der Füllung. Wie der Teig jedoch die Füllung umhüllt, ob geklappt, zugedeckt, eingeschlagen, gewickelt, gerollt, geschlossen oder offen – dafür haben sich diverse Verpackungsvarianten herausgebildet im Laufe der Jahrhunderte. In schwäbischen Kochbüchern finden sich lange Listen von Verhüllungsarten und Begriffen.
Nicht überraschend: Auch an der Art der Wicklung scheiden sich Schwabengeister.
Ich vergleiche das mit James Bond: Er war immer kategorisch bei einer scheinbaren Kleinigkeit bezüglich seines Lieblingsgetränks Wodka Martini. Geschüttelt oder gerührt? Wir kennen seine Überzeugung: Nur ein geschüttelter Martini ist ein guter Martini.
Meine Familie hat auch kategorische Vorstellungen von perfekt. Es muss schon die zweifach gerollte, an den Seiten offene Form sein.

Alternativen
Für manche ist die ihnen vertraute Variante der »Verpackung« geradezu heilig: »A Mauldasch muss zua sei!« Andere sehen das Thema entspannt: »Hauptsach, s'schmeggd!«
Unter dem Gesichtspunkt einer möglichst lockeren Konsistenz betrachtet, liefern die zweimal gerollten Maultaschen das bessere Ergebnis. Denn bei diesem Vorgang des Faltens wird zwangsläufig immer auch Luft mit eingeschlossen. Die Hohlräume, die dabei entstehen, haben einen positiven Einfluss auf das Mundgefühl – und damit auf den Geschmack der Maultasche (siehe Seite 54–55).
Wahrscheinlich aus diesem Grund gilt die zweimal gewickelte Maultasche heute als die am weitesten verbreitete Zubereitungsform.

Die erste Teigbahn vorbereiten für die Herstellung einer kleinen Menge Test-Maultaschen. Dazu eine üppig gefüllte Schöpfkelle der Füllung auf den Teig bringen. Mit einem breiten Palettenmesser die Masse einigermaßen gleichmäßig auf dem Teig verteilen. Sie sollte eine Höhe von 0,5–1 cm haben. Unebenheiten sind unausweichlich und erwünscht. An den seitlichen Rändern des Teigs etwa 1 cm frei lassen. Ziel ist, zunächst eine Teigfläche in der Größe von etwa zwei DIN-A4-Blättern zu bestreichen.
Dann mit dem Einschlagen bzw. Wickeln beginnen. Vom schmalen Ende her 5–6 cm der Teigbahn vorsichtig umschlagen. Von diesem »Doppeldecker« noch mal 5–6 cm umschlagen. Mit dem Palettenmesser die Füllung von der nun entstandenen Rolle 2–3 cm wegschieben, sodass blanker Teig sichtbar wird. Dieser 2–3 cm breite Streifen Teig wird gebraucht, um die Rohlingrolle zu verkleben. Dazu mit dem Pinsel etwas verquirltes Ei auf diesen Streifen auftragen. Die Teigbahn mit dem Messer abschneiden. Den überstehenden, mit Ei bestrichenen Teig an der Teigrolle verkleben. Dafür reicht ganz wenig Druck mit den Fingern.
Dann mindestens noch eine weitere Rohlingrolle herstellen. Aus diesen beiden Rollen die ersten Maultaschenrohlinge herstellen. Dazu mit dem runden Stil des Holzrührlöffels – oder einfach mit der Handkante – die Rolle im Abstand von 6–8 cm sanft durchdrücken. Dabei schiebt sich die Füllung an diesen Stellen nach links und rechts weg. An diesen flach gedrückten Stellen die Rolle mit dem scharfen Messer durchtrennen.
Die offene Seite ist immer die kürzere Seite. Maultaschen sind keine Quadrate.
Diese Rohlinge wiegen später, nach dem Garen, um die 100 g – mit der schönen Unregelmäßigkeit von handwerklichen Unikaten.
So entstehen, je nach Breite der Teigbahn, vier bis sechs Maultaschenrohlinge je Rolle. Diese auf einem Holzbrett ablegen. Sie müssen möglichst zügig ins Wasser, damit die Füllung nicht den Teig aufweicht. Vom Brett aus kann man sie bequem von Hand nach und nach behutsam ins kochende Wasser gleiten lassen.

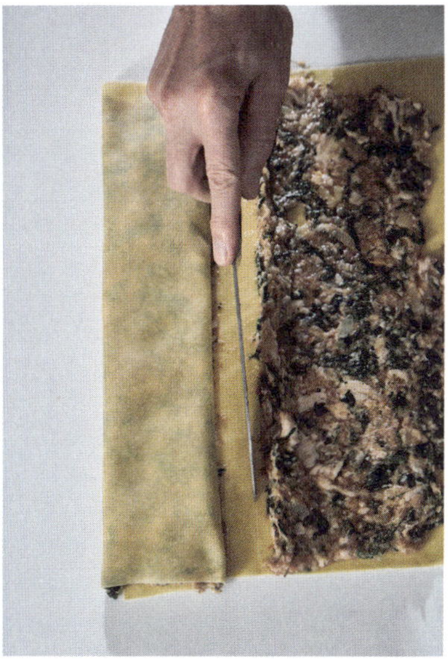

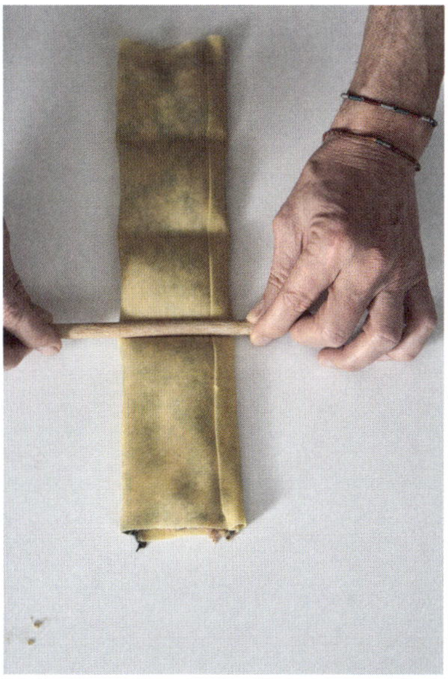

Schritt 4: Garen

Einen großen Topf zu zwei Dritteln mit Wasser füllen. Viel Salz ins Wasser geben – damit die Maultaschen darin nicht auslaugen. Das Wasser muss kochen, damit die Füllung schnell stockt, wenn die Rohlinge vorsichtig nacheinander in den Topf gegeben werden. Sie gehen erst mal alle unter. Wenn alle Rohlinge im Wasser sind, kurz vorsichtig umrühren und sicherstellen, dass keine Maultasche am Boden anklebt. Dann die Temperatur zurückschalten. Die Maultaschen 10–15 Minuten knapp unter dem Siedepunkt ziehen lassen (simmern), je nach Größe und Dicke. Nach ein paar Minuten kommen sie hoch an die Wasseroberfläche. Während sie weitergaren, ab und zu die oben schwimmenden Maultaschen mit dem Schaumlöffel nach unten drücken, sodass alle Taschen gleichmäßig durchgaren.
Auch dieser Schritt des sanften Garens ist wichtig, damit die Maultaschen später zart und saftig werden. Mit dem Schaumlöffel herausnehmen.

Schritt 5: Verkosten, Trocknen, Lagern

Die Maultaschen auf einem Abtropfgitter absetzen und abkühlen lassen. Dafür eignet sich bestens der Gitterrost aus dem Backofen, den man dafür über das Spülbecken legen kann, denn sie verlieren dabei auch etwas Flüssigkeit. Die Maultaschen mindestens ein Mal drehen. Die Phase der Abkühlung und äußeren Trocknung braucht rund 60 Minuten.
In diesen Minuten entsteht bei uns Unruhe in der Küche. Alle lungern um die Maultaschen herum und fragen sich gegenseitig, ob man jetzt wohl schon eine probieren könnte. Die Ungeduld ist mit den Händen zu greifen. Nach etwa 5–10 Minuten sind sie bereits so weit abgekühlt, dass man sie zwischen den Fingern halten kann.
Seit meinen frühen Kindertagen freue ich mich jedes Mal aufs Neue auf diesen Moment der Glückseligkeit. So bezeichne ich den Biss in die erste fertige, noch ziemlich heiße Maultasche – quasi direkt aus dem Sud.
Was für ein Gefühl! Was ein Genuss! Dieser erste Biss. Was für ein Stolz, wenn sie mal wieder gelungen sind.
So unfassbar einzigartig gut, wie direkt aus dem Kochtopf, schmecken Maultaschen danach nie mehr. Ich übertreibe – bestimmt. Aber ich kenne viele Köche und Schwaben, die mir dabei zustimmen. Warum sonst werben Gasthöfe im Süden mit: »Heute wieder kesselfrische Maultaschen!«?
Doch ich kenne auch Connaisseurs, die hier vehement widersprechen. Wahrscheinlich stimmt es auch nicht. Wahrscheinlicher ist wohl, dass uns die Psyche einen schönen wohligen Streich spielt. Weil wir so hart dafür gearbeitet haben, empfinden wir die Maultasche in diesem Moment so überbordend genussvoll.
Wie dem auch sei: Jetzt gilt es erst mal, die fertigen Maultaschen zu verkosten und zu überprüfen, ob der Geschmack passt oder die Füllung noch etwas nachgewürzt werden muss. Dann die restlichen Maultaschen produzieren. In einen großen Kochtopf passen jeweils etwa 15–20 Maultaschen. Nicht zu voll machen!

Wenn viel Platz vorhanden ist für die Abkühlung und Trocknung der Maultaschen, kann man die Rohlinge auch parallel in mehreren Töpfen garen.
Die Maultaschen sind jetzt fertig – und jedes der rund 50 Rezepte in diesem Buch kann man damit direkt im Anschluss zubereiten.
Oder sie landen erst mal im Kühlschrank. In Frischhalteboxen halten sie sich einige Tage. Tipps zum Einfrieren siehe Seite 24.
Je nachdem wie viele Helferinnen und Helfer in der Küche mitwirken, kann es jedoch passieren, dass ein nicht unbeträchtlicher Teil der rund 60 Maultaschen schon in den ersten Stunden der Fertigstellung »verschwindet«.

MAULTASCHEN EINFRIEREN UND AUFTAUEN

Schwäbische Hausfrauen denken und arbeiten ökonomisch. Weil die Maultaschenproduktion so aufwendig ist, werden immer gleich mehr hergestellt, als an ein oder zwei Tagen verzehrt werden. Die restlichen werden eingefroren.
Tatsächlich lassen sich die schwäbischen Täschchen problemlos in der Tiefkühltruhe oder im Gefrierfach aufbewahren. Da sind sie auch noch nach Monaten bereit für eine leckere Mahlzeit. Grund: Der Wasseranteil in den Maultaschen ist relativ gering – daher bleiben bei Temperaturen von –18 °C Aussehen, Geschmack und Nährstoffe sehr gut erhalten.

Diese wenigen Punkte sollte man beachten

Die Maultaschen in einen Gefrierbeutel packen, die Luft herausziehen und den Beutel mit einem Gummi oder Clip verschließen. Luftdichtes Verpacken in Gefrierbeuteln verhindert Gefrierbrand.
Je kälter das Kühlfach, desto schneller werden die Maultaschen eingefroren. Je schneller das Gefriergut einfriert (schockfrieren), desto besser für den Erhalt von Konsistenz und Geschmack.
Haltbarkeit: rund 6 Monate.

Maultaschen richtig auftauen

Die eingefrorenen Maultaschen einen Tag vor der Zubereitung aus der Kühltruhe nehmen und in den Kühlschrank legen. Hier tauen sie langsam auf. Das dauert ein paar Stunden, aber das Ergebnis ist dann perfekt.

Für den schnellen Hunger

Manchmal will oder muss man schnell ein leckeres Maultaschengericht zaubern. Dann kann man die tiefgefrorenen Maultaschen direkt in eine Gemüse- oder Fleischbrühe geben und diese langsam erhitzen – aber nicht kochen. Nach rund 20 Minuten sind die Maultaschen tischfertig!

TIPP

Einmal aufgetaut, die Maultaschen nicht ein zweites Mal einfrieren. Also zügig verzehren!

MENGENANGABEN FÜR ALLE REZEPTE

Handgemachte Maultaschen variieren naturgemäß in Größe und Form. Jedes Stück istein Unikat. Je nach Lust und Laune, je nach Breite der Teigbahnen, je nach Tagesform fallen die Teigtaschen flacher, schmäler, höher oder breiter aus.

Daher bitte beachten

Die Mengenangaben bei allen Rezepten in diesem Buch beziehen sich auf Maultaschen, die im Durchschnitt rund 100 g wiegen. Bitte immer die folgenden Vergleichsgrößen berücksichtigen.

Diese Grundformeln helfen

Vorspeisen: Dafür reicht in der Regel eine Maultasche pro Person.

Hauptgerichte: Sind Maultaschen der Hauptanteil, wie bei geschmälzten Maultaschen, dann für Erwachsene mindestens zwei Maultaschen kalkulieren, für Personen mit sehr großem Appetit drei Maultaschen.

Beilage: Sind sie eher eine Beilage, wie bei einem Schwaben-Salat, dann reichen eine oder eineinhalb Maultaschen pro Person.

Wichtig: Die Größe der Maultasche hat – in gewissen Grenzen – keine Auswirkungen auf Qualität oder Geschmack. Ideal ist alles zwischen 70 und 120 g. Sie sollte also weder zu klein noch zu groß sein.

Die Klassiker

Es gibt Dinge, die kann man nicht verbessern.
Also sollte man sie tunlichst nicht ändern.
Genau so haben schon meine Omas ihre Maultaschen
auf den Teller gebracht. Am Gründonnerstag.
Am Karfreitag. Am Ostersamstag.
Die Königin (Maultasche) vermählt mit
dem König (Kartoffelsalat).

IN DER KARWOCHE GEHT ES AB

Ist nicht das Schönste an traditionellen Ereignissen, dass sie sich in regelmäßigen Abständen wiederholen? Eben! So verhält es sich auch mit der Karwoche – zumindest mit dem kulinarischen Teil der Vorosterwoche. Die Karwoche ist Hochgenusswoche, weil Maultaschenwoche. In typisch schwäbischen Haushalten gibt es die teigummantelten Köstlichkeiten am Gründonnerstag, am Karfreitag und am Ostersamstag gleich noch mal. Ich bin nicht sicher, ob es eine solche »Drei Tage hintereinander isst man dasselbe«-Woche sonst irgendwo gibt. Das macht natürlich auch nur Sinn mit einem »Rohstoff«, der eine gewisse Einzigartigkeit und innere Vielfalt mitbringt.

Carsten Martin hat dieses Phänomen einst treffend charakterisiert: »Die drei Tage der Maultasche oder variatio delectat.« Was so viel heißt wie »Abwechslung macht Freude«. Damit hat er den Nagel auf den Kopf getroffen.
Was Tradition hat, ist bekannt. Auf das Bekannte kann man sich vorfreuen. Tatsächlich hört man in diesem Zusammenhang Sätze wie: »Uff Gründonnerschdag frei i mi ab Weihnachda.« Vorfreude auf Maultaschen also schon ab Weihnachten.
Wie diese von Donnerstag bis Samstag auf den Tisch kommen, ist gleichwohl nicht beliebig. Vielmehr gibt es eine tradierte Reihenfolge, die festschreibt, wann welche Maultaschenversion zum Einsatz kommt.

Tag 1: Gründonnerstag

Der Donnerstag vor Karfreitag ist Produktionstag in schwäbischen Familien. Da werden die Ärmel hochgekrempelt. Es gilt, Maultaschen für mehrere Tage herzustellen. Je nach Größe der Maultaschen sollten es mindestens zehn bis fünfzehn Stück sein pro Familienmitglied.
Der Donnerstagsklassiker: Maultaschen in der Brühe. Als Beilage ein Muss: schwäbischer Kartoffelsalat.

Tag 2: Karfreitag

Einen wahren Hochgenuss zelebrieren Schwaben am heiligen Karfreitag. Es gibt geschmälzte Maultaschen. Das heißt: Die Maultaschen vom Vortag werden in der Brühe oder in gesalzenem Wasser noch mal erwärmt, dann aber ohne Brühe auf den Teller gebracht. Darüber kommen viele Zwiebeln, die zuvor in Butter kross gebraten wurden. Ein Gedicht. Auch dazu gibt's: Kartoffelsalat.
Schon klar: An Karfreitag soll man eigentlich kein Fleisch essen!? Aus diesem Grund haben die katholischen Schwaben vor Jahrhunderten die Maultasche erfunden! Bis heute heißen sie daher auch »Herrgottsbscheißerle« (siehe dazu Seite 42).

Tag 3: Ostersamstag

Sofern noch Mauldäschla übrig sind, gibt es diese am dritten Tag geröstet – aus der Pfanne. Dazu werden die kalten Maultaschen in fingerdicke Streifen geschnitten und anschließend in Butter vorsichtig angebraten. Manche geben beim Anbraten verquirlte Eier und Gewürze dazu.
Beilage: knackig frischer grüner Salat

BOUILLON VOM OCHSENSCHWANZ

In Metzgereien liegt der Ochsenschwanz kaum mehr in der Auslage – ist aber auf Nachfrage verfügbar. Er besteht aus den Schwanzwirbeln und dem Fleisch der Schwanzmuskulatur. Im Schwabenland wird daraus die feine, traditionelle Ochsenschwanzsuppe hergestellt. Die Briten kredenzen damit ihre berühmte »oxtail soup«.
Die Bouillon entsteht durch Auskochen von Fleisch, Knochen und Suppengemüse. Hier das Rezept für rund 3 l. Was man davon nicht binnen Tagen verzehrt, einfach in Portionen einfrieren für spätere Gelegenheiten.
Diese klare, feine Rinderbouillon liefert die Basis für den perfekten schwäbischen Kartoffelsalat, für den Gründonnerstag-Klassiker Maultaschen in der Brühe (siehe Seite 31), die Trollinger-Rotweinsauce (siehe Seite 82) sowie weitere Rezepte in diesem Buch.

ZUBEREITUNGSZEIT: 4 STUNDEN

FÜR ETWA 3 L

1,3–1,5 kg Ochsenschwanz
1 große Gemüsezwiebel
1 Knolle Sellerie
1 Karotte
1 Stange Lauch
2 Lorbeerblätter
1 TL Wacholderbeere
4 Gewürznelken
Salz
frisch gemahlener schwarzer Pfeffer
frisch geriebene Muskatnuss

ZUBEREITUNG

Die Teile des Ochsenschwanzes kalt abwaschen. Die Zwiebel halbieren. Wer einen dunkleren Farbstich der Brühe präferiert, lässt die Schale dran. Sellerie schälen, Karotte und Lauch waschen. Das Suppengemüse in grobe Würfel schneiden.
Alles zusammen mit Lorbeerblättern, Wacholderbeeren und Gewürznelken in einen großen Topf geben und mit 3,5 l kaltem Wasser auffüllen. Alle Zutaten müssen davon bedeckt sein. Keinesfalls salzen, denn sonst werden die Aromastoffe nicht ausgelöst.
Langsam erhitzen und alles mindestens 3 Stunden bei geschlossenem Deckel simmern lassen. Zwischendurch immer mal wieder mit einem Schaumlöffel den aufsteigenden Schaum abschöpfen, damit die Bouillon klar bleibt.
Die Brühe durch ein feines Sieb gießen. Mit Gewürzen abschmecken.

TIPP

Danach das Fleisch von den Knochen lösen. Es ist wunderbar zart geworden. Damit lässt sich im Handumdrehen ein kalter oder lauwarmer Rindfleischsalat zaubern.

MAULTASCHEN IN DER BRÜHE

Nur wenige Zutaten und wenig Zeit am Herd: Dieses Rezept ist kinderleicht. Nicht mal Schwabe muss man sein. Dafür ist es verdammt lecker. Das schwäbische Nationalgericht am Gründonnerstag, der im Übrigen seit 2019 auch Welt-Maultaschen-Tag ist (mehr dazu auf Seite 37). Es gibt gute, natürliche und schmackhafte Brühen im Glas zu kaufen. Das spart mächtig Zeit bei diesem Gericht. Dabei darauf achten, dass möglichst keine Zusatzstoffe enthalten sind. Besser ist natürlich, man nimmt sich die Zeit und bereitet selbst eine kräftige Rinderbouillon zu.
Man kann die »Mauldäschla en dr Briah« in dieser Schlichtheit genießen. Aber noch besser schmecken sie im Zusammenspiel mit schwäbischem Kartoffelsalat.

ZUBEREITUNGSZEIT: 15 MINUTEN (OHNE BRÜHE UND KARTOFFELSALAT)

FÜR 4 PERSONEN (ALS HAUPTGERICHT)

Kartoffelsalat
8 Maultaschen
1,2 l Ochsenschwanzbouillon (siehe Rezept auf der linken Seite)
1 Bund frischer Schnittlauch

ZUBEREITUNG

Den Kartoffelsalat zubereiten.
Die Maultaschen in der heißen Brühe etwa 10–12 Minuten garen. Nicht kochen!
Schnittlauch in Röllchen schneiden.

ANRICHTEN

Maultaschen in einen Suppenteller geben und mit heißer Bouillon übergießen. Den klein geschnittenen Schnittlauch über die Maultaschen streuen. Wer will, macht den Kartoffelsalat zur Maultasche in die Brühe im Suppenteller. Das ist dann typisch schwäbisch! Das erscheint den meisten Nichtschwaben zunächst ziemlich unpassend, aber wer sich einmal auf dieses kulinarische Experiment eingelassen hat, will seine Maultaschen in der Brühe nie wieder anders essen. Einfach mal ausprobieren.

TIPP

Plant man eine Maultaschensuppe als Vorspeise, dann reicht eine Maultasche im Suppenteller pro Person mit etwa 180 ml Brühe.

GESCHMÄLZTE MAULTASCHEN

Geschmälzt mit »ä«? Nein, kein Schreibfehler! Es geht ums Abschmälzen. Ein altes Küchenlexikon klärt uns auf: »Früher wurde vieles in warmem Schmalz geschwenkt, weil es damals das am häufigsten verwendete Fett in der Küche war. Daher stammt der Begriff Abschmälzen.« Das Lexikon verrät auch: »Abschmälzen dient der Geschmacksverbesserung, dem appetitlichen Aussehen, erhöht den Nährwert der Speisen und trägt dazu bei, fettlösliche Vitamine zu erschließen.« Das klingt doch alles sehr vielversprechend.

»Gschmälzde Mauldascha« liefern die Bestätigung dafür, dass die einfachsten Rezepte oft die leckersten sind. Man braucht nicht viele Zutaten. Dafür muss man Zwiebeln mögen. Das ist nicht schwer. Inmitten aller Gemüsesorten ist die Zwiebel Geschmacksträger Nummer eins.

Unter den Fetten ist die Butter ebenfalls ein beliebter Geschmacksträger. Was also sind in Butter geschmälzte Zwiebeln? Sichtbar und geschmacklich die Krone dieses Gerichts.

Dieser Klassiker ist noch keiner ohne einen selbst gemachten, lauwarmen schwäbischen Kartoffelsalat als Beilage. Ergänzen kann man das Ganze im Winter mit einem Feldsalat, im Sommer mit einem frisch angemachten Kopfsalat.

ZUBEREITUNGSZEIT: 20 MINUTEN (OHNE KARTOFFELSALAT)

FÜR 4 PERSONEN

4–6 mittelgroße Gemüsezwiebeln
3–4 EL Butter
8 Maultaschen
Salz

Schwäbischer Kartoffelsalat ist eine launische Diva. Es braucht Erfahrung und Fingerspitzengefühl, um aus den Erdäpfeln eine Spitzenbeilage zu kredenzen. Aber keine Angst – es ist auch kein Hexenwerk. Hier geht es zur Schritt-für-Schritt-Anleitung nach Oma Lisbeth.

ZUBEREITUNG

Die Zwiebeln halbieren und in Scheiben schneiden. Die Butter in eine Pfanne geben und bei mittlerer Temperatur zum Schmelzen bringen. Zwiebeln darin etwa 10 Minuten anbraten, bis sie überall goldbraun und kross sind.

Maultaschen währenddessen für etwa 10–12 Minuten in heißem Salzwasser garen (nicht kochen!).

ANRICHTEN

Eine Portion Kartoffelsalat auf dem Teller anrichten. Maultaschen mit einem Schaumlöffel herausnehmen, abtropfen lassen und daneben ablegen. Großzügig die geschmälzten Zwiebeln darüber verteilen.

TIPP

Eine typische Fehleinschätzung in Bezug auf Maultaschen ist die, dass die schwäbischen Teigtaschen, ähnlich wie ihre italienischen Verwandten, die Ravioli, eine Sauce bräuchten. Wer die Maultaschen mal geschmälzt probiert hat, wird bestätigen, dass sie ohne Sauce auskommen – und dennoch herausragend gut schmecken.

GEBRATENE MAULTASCHEN

***DAS** traditionelle Ostersamstagmahl aus den übrig gebliebenen Herrgottsbscheißerle vom Gründonnerstag. Dieses Rezept holt alles aus den Maultaschen heraus. Es geht schnell, schmeckt stark, rein und klar und gehört daher zu meinen Lieblingsgerichten.*
Dieser Schwaben-Klassiker aus der Pfanne hat gleich mehrere Namen: Ob geröstet (»gröschded«) oder gebraten (»brooda«), Kern der Zubereitungsweise ist das sanfte Bräunen der klein geschnittenen Maultaschen in der Pfanne. Natürlich in Butter. Wahlweise mit oder ohne Ei.
Das Anbraten in Butter wirkt wie ein Turbo auf die Aromaentwicklung. Die krossen Stellen bekommen zusätzlichen Biss. Die Maultaschen bleiben dieselben, das Mundgefühl wird gesteigert, die Geschmacksknospen überbordend verwöhnt.

ZUBEREITUNGSZEIT: 20 MINUTEN (OHNE SALAT)

FÜR 4 PERSONEN

4 EL Butter
8 Maultaschen
4 Eier (optional)
Salz
frisch gemahlener schwarzer Pfeffer
1 Bund frischer Schnittlauch oder Frühlingszwiebeln, in Röllchen geschnitten

ZUBEREITUNG

Die Butter in eine Pfanne geben und bei mittlerer Temperatur zum Schmelzen bringen. Maultaschen währenddessen in fingerdicke Streifen schneiden (etwa 1–1,5 cm dick) und in der Pfanne etwa 8–10 Minuten rösten, zwischendurch wenden. Wichtig: Die Maultaschenstreifen auf den angeschnittenen Seiten mit der Füllung nach unten in die Pfanne legen – nicht auf der Teigseite anbraten. Nur dann wird das volle Geschmacksvolumen entfacht.
Ob man Eier in der Pfanne begrüßt, ist ganz dem eigenen Geschmack überlassen. Wenn ja, sollte es je ein Ei auf zwei Maultaschen sein. Die Eier verquirlen, mit etwas Salz und Pfeffer würzen. Nach etwa 5 Minuten zu den Maultaschen in die Pfanne geben, dabei gelegentlich umrühren.
Am besten schmeckt dazu ein frischer grüner Salat mit einer klassischen Vinaigrette (siehe Seite 90). Oder Wildkräutersalat. Selbstredend darf man auch dazu schwäbischen Kartoffelsalat servieren.

ANRICHTEN

Maultaschen auf einem Teller anrichten und mit frischem Schnittlauch oder Frühlingszwiebeln bestreuen.

TAG

GRÜNDONNERSTAG IST WELT-MAULTASCHEN-TAG

Neben unzähligen hintergründigen und bedeutungsvollen Jahres- und Anlasstagen gibt es auch viele Spaß- und Quatschtage: den Tag der Doppelgänger, den Internationalen Tag der Schreibwaren, den Tag des Reißverschlusses. Rund um das Thema Essen gibt es den Tag der Weißwurst, des Radieschens oder der Ravioli und vieles andere mehr. Bis 2019 jedoch gab es keinen Maultaschen-Tag im Jahreskalender.

Die Lücke musste gefüllt werden

Das konnte so nicht bleiben. Unsere herausstechende, heiß geliebte Besonderheit der schwäbischen Küche brauchte endlich auch eine vergleichbare Würdigung.
Da es bis dahin noch niemand in Angriff genommen hatte, wurde ich eben aktiv. Die Antwort auf die Frage, welcher Tag im Jahr dafür am geeignetsten sei, lag auf der Hand: Es kann nur der Gründonnerstag sein.
In keiner anderen Woche des Jahres werden so viele Herrgottsbscheißerle verzehrt wie in den Tagen vor Ostern. An keinem Tag des Jahres so viele wie am Gründonnerstag, dem traditionellen Hauptherstellungstag in schwäbischen Familien. Omas und Mütter, Metzger und Köche vermengen am Gründonnerstag riesige Mengen an klein gehacktem Schweine- und Rindfleisch mit Spinat, Zwiebeln, Eiern, Brot, Kräutern und Gewürzen und hüllen diese Füllung in möglichst dünnen Nudelteig.
Im April 2019 war es dann so weit: Der erste Welt-Maultaschen-Tag wurde gefeiert. Die Initiative fand rasch Anklang, die *Frankfurter Allgemeine Zeitung*, *Stuttgarter Zeitung* und viele weitere Medien berichteten.

Der Maultaschen-Tag verbindet

Was es auch immer Trennendes geben mag im Schwabenländle, am Gründonnerstag müssen frische »Handgemachte« auf den Tisch. Man kann daher wohl mit Fug und Recht annehmen: Kein anderer Tag im Jahr vereint die Schwaben auf aller Welt – emotional und kulinarisch – so sehr wie der Welt-Maultaschen-Tag.
Dieser Tag der Würdigung hat längst eine eigene Web- und Facebookseite, auf der Maultaschenfreunde, ob Schwaben oder »Reigschmeckte«, ihre Leidenschaft miteinander teilen und das Aktionslogo kostenlos herunterladen können (www.weltmaultaschentag.de).
Unzählige Restaurants, Kantinen, Metzgereien, Maultaschenhersteller und -fans unterstützen Jahr für Jahr den Festtag mit tollen Aktionen.
Daraus entsteht eine schöne gemeinsame Liebeserklärung an die Heldin der schwäbischen Küche.

Vier Jahreszeiten

Die einen meinen, Maultaschengerichte seien eher was für die kalte Jahreszeit. Andere beschränken sich in ihrem Genuss auf die Sommermonate, draußen auf der Terrasse oder im Biergarten. Beide irren, wie die folgenden vier exemplarischen Zubereitungsarten für die Quartale des Jahres zeigen. Sie bringen jahreszeitlich passende Zutaten und Beilagen überzeugend mit der Schwabentasche zusammen.

DIE PFIFFIGEN MAULTASCHENERFINDER VOM KLOSTER MAULBRONN

Gläubige Hindus pilgern einmal im Leben zum Ufer des Ganges. Katholiken nach Lourdes. Muslime nach Mekka. Jeder Schwabe oder Maultaschenfan sollte einmal im Leben den Maultaschen-Wallfahrtsort Maulbronn besuchen.

Unsere zu Recht glorifizierten Maultaschen wurden von schwäbischen Mönchen erfunden. Wahrscheinlich Mitte des 15. Jahrhunderts, als das Kloster Maulbronn seine Hochphase erlebte. Bis zu 130 Mönche lebten zu jener Zeit im bereits 1147 erbauten Zisterzienserkloster.
Die Umstände, die zur Erfindung der genialen Rezeptidee führten, waren mittelalterlich unwirtlich. Die Menschen litten damals unter kalten Wintern, schlechten Ernten und der Pest. Selbst in der monströs großen Abtei im schwäbischen Dörfchen Maulbronn herrschte Not.

Mönch Jakob und sein Stück Fleisch

Im Gegensatz zu den Herrenmönchen (so nannten die sich damals wirklich!), die das Kloster nie verließen, durfte der einfache Laienmönch Jakob hin und wieder ins Dorf gehen für Erledigungen. Bei einem seiner Ausflüge fiel ihm ein Stück Fleisch in die Hände. Er nahm es mit ins Kloster. Jakob war ein Tüftler, ein Macher, knitz und umtriebig. Und ein Schlitzohr. Ein echter Schwabe eben. Und bei den Schwaben gilt seit jeher: »Nix verkomma lassa!« Was also tun mit dem wertvollen Stück vom Schwein, mitten in der Fastenzeit? Die klösterlichen Regeln untersagten den Verzehr strikt. Doch schließlich hatte er eine bestechende Idee: Warum nicht das Fleisch klein hacken und »verstecken« zwischen vielen verschiedenen anderen Zutaten? Dann würde der Herrgott das Fleisch nicht sehen und die Sünde bliebe ungesühnt.

Viel Grün aus dem Klostergarten

Klosteranlagen haben seit jeher ihre eigenen Kräuter- und Gemüsegärten zur Selbstversorgung. So auch die Zisterzienser in Maulbronn. Hier bediente Jakob sich also. Er hackte das wenige Grünzeug klein, das die Natur im Frühjahr schon hergab: den ersten Schnittlauch, Ackersalat, kräftigen Winterspinat. Hinzu kamen Zwiebeln, altes Brot, Eier. Das in winzige Stücke zerteilte Fleisch schummelte er in diese grüne Masse.
Um auf Nummer sicher zu gehen, verhüllte er seine Camouflage-Mischung auch noch mit Nudelteig. So fühlten sich er und seine Glaubensgenossen sicher vor den strengen Blicken des Herrn, als die ersten Maultaschen an einem Gründonnerstag im Kloster Maulbronn zum Abendessen gereicht wurden.
Es waren also Katholiken, die unsere heilige Herrlichkeit in der Gegend zwischen Pforzheim und Stuttgart schufen.

Klosterküche gibt es nicht mehr

Bei meiner Wallfahrt vor einigen Jahren führte mich der Leiter der Klosterverwaltung durch die jahrhundertealten Gemäuer. Man kann sich dabei gut vorstellen, wie es damals wohl gewesen sein muss. Das Herrenrefektorium, den romanischen Speisesaal der Herrenmönche, bestimmen beeindruckende Säulen. An einer Wand erkennt man eine inzwischen zugemauerte Durchreiche. Dahinter war früher die Küche, von der leider nichts mehr geblieben ist. Genau hier müssen sie durchgereicht worden sein, die ersten Maultaschen, um die hungrigen Mönche zu versorgen. Für mich ein mythischer Ort.

Keine Belege für die Geschichte

Eine wunderschöne Geschichte, nicht wahr? Leider, leider ist sie erfunden. Es gibt im Jahrhunderte umspannenden Archiv des Klosters kein einziges Dokument, das diese Erfinderstory belegt. Vielmehr entstammt sie der Fantasie der schwäbischen Autorin Elke Knittel. In einem wunderbaren Taschenbüchle mit viel Wissen und Verständnis um die mittelalter-

lichen Zustände rund um das Kloster zeichnet sie nach, wie sich diese Geschichte damals zugetragen haben könnte. Im Info-Zentrum des Klosters, das seit 1993 zum UNESCO-Weltkulturerbe zählt, kann man es erwerben: *Wie Jakob die Maultasche erfand*. Was der erste »Sündenfall« von Jakob nach sich zog, beschreibt sie darin wie folgt:
»Die Leute erzählten bald überall von der guten Mahlzeit, die es am Gründonnerstag, am Tag vor Karfreitag, im Kloster Maulbronn gegeben habe. Natürlich wollten die Hausfrauen im Lande nicht minder fromm den Gründonnerstag begehen. Sie machten sich daran, die Maulbronner Nudeltaschen nachzukochen. Ihnen war's nur recht, dass auch ein wenig Fleisch darin sein durfte. Denn auch sie wollten nichts verkommen lassen, was sie rein zufällig im Hause hatten. Doch jede füllte ihre Nudeltasche ein bisschen anders, denn keine hatte ja das genaue Rezept vom Jakob.«

Die Sünde verewigt in einem Wort

Viel später muss es gewesen sein, als diese kleine verzeihbare Sünde sich in einem Wort manifestierte, das im Schwäbischen bis heute diese Erfindergeschichte in einer wundervollen Wortschöpfung verdichtet: »Herrgottsbscheißerle«. Schwäbisch korrekt geschrieben: Herrgotts-B'scheißerle. Übersetzt: den Herrgott betrügen, indem man die Fleischwahrheit in den Teigtaschen vor seinen Augen versteckt.

Kleiner Beschiss mit nachhaltiger Wirkung

Die Museumsverantwortlichen von Maulbronn jedenfalls pflegen bis heute dieses Narrativ und die Nudeltaschentradition in facettenreicher und liebevoller Art und Weise. So können Führungen gebucht werden, bei denen die Teilnehmerinnen und Teilnehmer selbst frische Maultaschen herstellen und sie anschließend im festlich eingedeckten Eselstall genießen können. Ein würdiger Abschluss des Klosterbesuchs und ein Mordsspaß für Groß und Klein.

Devotionalien und kein »Originalrezept«

Seitdem die Reformation im Jahr 1534 die katholischen Mönche aus dem Ländle fegte, herrschen Protestanten über die Klosteranlage. Sie dient heute als evangelische Klosterschule, eine der ältesten und schönsten Deutschlands. Tatsächlich gilt das ehemalige Zisterzienserkloster Maulbronn als das am besten erhaltene mittelalterliche Kloster nördlich der Alpen.
Im Museumsshop gibt es passende Maultaschen-Devotionalien. Holzkistchen mit Maultaschenrezept und Gewürzen zum Selbermachen. Sixpacks mit braufrischem Maulbronner Klosterbräu. Sowie lokale Spitzenweine vom Weingut Herzog von Württemberg.
Man findet hier übrigens auch ein »Originalrezept Maulbronner Maultaschen«. Es suggeriert, dass die Mönche ein Rezept hinterlassen haben. Doch es gibt kein derartiges Dokument im Klosterarchiv. Bei dem Rezept handelt es sich um eine neuzeitliche Kreation eines findigen Gastronomen.

Die anderen Theorien

Weil es die historischen Belege in Maulbronn nicht gibt, hört man gelegentlich von Zweiflern, die Maultasche sei gar keine schwäbische Erfindung. Sie versteigen sich in die Theorie, der Ursprung unserer Maultasche läge in China. Der Venezianer Marco Polo hätte im 13. Jahrhundert erste Teigtaschen von seinen Reisen in das Reich der Mitte mit nach Italien gebracht und von dort hätten sie den Weg über die Alpen ins Ländle gefunden. Nun, dem venezianischen Abenteurer ist allerhand zuzutrauen. Aber dagegen spricht: Es gibt bis heute im Riesenreich China nichts annähernd Vergleichbares mit Teighülle wie schwäbische Maultaschen.
Andere Quellen spekulieren ebenfalls über Italien als Ideengeber. Aber erst viel später. Marco Polo war schon einige Hundert Jahre verstorben, als protestantische Waldenser als Glaubensflüchtlinge aus Norditalien ins Schwabenland flüchteten. Dort hätten sie mit den Kenntnissen über Ravioli die Maultasche »erfunden«. Aber mal ehrlich: Maultaschen sind nun mal nicht wie Ravioli oder Tortellini (siehe auch Seite 124).

Herr Volker Klenk erhält für die erfolgreiche

Teilnahme

am Seminar

„Herstellung von Herrgotts´bscheißerle“

am 13. Februar 2018 im

UNESCO-Weltkulturdenkmal Kloster Maulbronn

das

Maultaschen-Diplom

Klosterverwaltung Maulbronn

Angelika Braun, Seminarleiterin

Was stimmt denn nun?

Die Sache ist nicht so kompliziert. Nudeln und Nudelgerichte haben sich vor Jahrhunderten völlig unabhängig voneinander entwickelt. In weit voneinander entfernten Regionen entstanden eigenständige Spezialitäten mit Nudelteig. In China Dim Sum, in Indien Samosas, in Italien Tortellini, in Polen Piroggen, in Lateinamerika Empanadas und im Land der Schwaben eben Maultaschen.

Maultaschen sind dabei die mit Abstand komplexesten Teigtaschen. Wie man auf die Idee kommen kann, dass wir Schwaben die Maultaschenidee von so etwas Simplem wie Tortellini oder Dim Sum abgekupfert hätten, leuchtet nicht ein. Handgerollte schwäbische Maultaschen haben in Form und Herstellungsart nichts gemein mit den kleinen ringförmigen Teigwaren, die in Bologna erfunden wurden. Unsere Maultaschen sind viel größer und rechteckig. Auch Teigtaschen aus Österreich und China haben zu wenig Gemeinsamkeiten mit Herrgottsbscheißerle. Dort sind sie rund, halbrund, dreieckig oder undefinierbar in ihrer Gestalt. Das allein bezeugt schon die Einzigartigkeit unserer kulinarischen Geschmacksbombe.

Gesunder Menschenverstand

Da es aber nun mal keine Beweise gibt – für keine dieser Entstehungstheorien –, bleibt uns Schwaben nur ein Lösungsansatz: nämlich diese Frage mit Stolz, Plausibilität und Schönheit zu beantworten.

Schwabenstolz: Die Maultasche sei Ideenklau? Unvorstellbar! Die schwäbische Maultasche kann nur ein Schwabe erfunden haben.

Plausibilität: Einem Volksstamm, der Streichholz, Dauerwelle, Dübel, Tipp-Kick, Motorsäge, Leitz-Ordner, Auto und auch noch Neunelfer erfindet, kann man wohl zutrauen, dass er auch zu kulinarischen Höchstleistungen fähig ist. Auf die grandiose und zeitlose Idee, in der Fastenzeit das sündige Fleisch in einer Nudeltasche vor den strengen Augen des Herrn zu verbergen, kann nur ein findiges, knitzes schwäbisches Tüftele gekommen sein.

Schönheit der Geschichte: Ein armer Mönch, im Mittelalter von Hunger geplagt im damals katholischen Kloster zu Maulbronn, einem der schönsten Klöster überhaupt – beschaulich gelegen im Herzen des Schwabenlandes. Es muss ja schließlich einen Ort geben, an dem die erste Maultasche serviert wurde! Dieser Ort passt, die Zeit passt für die Geburtsstunde der Maultasche. Als Geschichte wunderschön aufgeschrieben. Als Teil unserer Kulturgeschichte gepflegt vom UNESCO-Weltkulturerbe Kloster Maulbronn.

Mein gesunder Menschenverstand sagt mir: Es muss einfach so gewesen sein!

FRÜHLING: MAULTASCHEN AUF GRÜNER-SPARGEL-SALAT MIT BÄRLAUCHPESTO

Es grünt so grün, sobald Spargel und der frühe Bärlauch wieder sprießen. Letzteren kann man in Süddeutschland im März und April im Wald und an Bachläufen selbst pflücken. Zu Hause wird aus dem Wildgemüse im Handumdrehen ein intensiv schmeckendes Bärlauchpesto, das überzeugend harmoniert mit grünem Spargel und gebratenen Maultaschen.

ZUBEREITUNGSZEIT: 1 STUNDE

FÜR 4 PERSONEN

4 Eier
400 g grüner Spargel
4 EL Olivenöl
Salz
4 EL Butter
8 Maultaschen
200–250 g gemischte Blattsalate
1 Bund Radieschen (etwa 10 Stück)
4 TL Sonnenblumenkerne

Für das Pesto

200 g Bärlauch
30 g Sonnenblumenkerne
1 Knoblauchzehe
150–250 ml Olivenöl
1 TL Salz

Für das Dressing

6 EL Olivenöl
3 EL Weißweinessig
1 TL milder Senf
Salz
frisch gemahlener schwarzer Pfeffer

TIPP

Das Pesto kann man im Kühlschrank mindestens 1 Woche aufbewahren.

ZUBEREITUNG

Die Eier hart kochen, pellen, abkühlen lassen und halbieren.
Für das Pesto den Bärlauch gründlich waschen, trockenschleudern und in feine Streifen schneiden. Etwa zehn Blätter zur Seite legen für den Salat. Sonnenblumenkerne in einer Pfanne ohne Fett hellbraun anrösten. Den Knoblauch pressen. Alles zusammen mit zunächst 100 ml Olivenöl mit dem Pürierstab zu einer sämigen Masse mixen. Sofern sie zu trocken ist, weiteres Olivenöl nachgeben. Das Pesto sollte am Ende dickflüssig sein. Mit Salz abschmecken.
Den Spargel waschen, das untere Drittel schälen, gegebenenfalls holzige Enden abschneiden. Den Rest in 5–6 cm lange Stücke schneiden. In einer Pfanne mit 4 EL Olivenöl und Salz bei mittlerer Temperatur etwa 10 Minuten anbraten. Der Spargel soll noch bissfest sein. Vom Herd nehmen, zur Seite stellen.
Butter in eine Pfanne geben und zum Schmelzen bringen. Die Maultaschen vierteln und von allen Seiten bei mittlerer Temperatur etwa 8–10 Minuten anbraten.
Den Blattsalat waschen und trockenschleudern. Die Radieschen waschen und in feine Scheiben schneiden. Für das Dressing Olivenöl, Essig sowie Senf vermischen und mit Salz und Pfeffer abschmecken. Dann 4 TL Sonnenblumenkerne in einer Pfanne ohne Fett etwa 5 Minuten anrösten. Herausnehmen und mit dem Messer klein hacken.

ANRICHTEN

Den noch lauwarmen Spargel mit dem Salat, den übrigen Bärlauchblättern und dem Dressing mischen und auf den Tellern verteilen. Die halbierten Eier dazulegen. Die Maultaschenstücke rundherum anrichten und mit etwas Pesto toppen. Das übrige Pesto rund um den Salat dekorativ auf den Tellern verteilen. Die gehackten Sonnenblumenkerne gleichmäßig über den Salat und die Eier streuen.

SOMMER: MAULTASCHEN À LA SYLT

Die geniale Idee zu diesem perfekten Sommergericht stammt von Dietmar Priewe, dem langjährigen Küchenchef der legendären »Sansibar« auf Sylt, der berühmtesten Strandbuhne Deutschlands. Der Clou: Die Beilagen, die die Maultasche umspielen, spiegeln die Zutaten der Füllung wider.
Die köstlichen Zutaten für die Farce der Maultaschen, Spinat, Zwiebeln, Ei und Brot, werden dazu separat zubereitet und auf dem Teller mit der Maultasche neu konstruiert. Der Crunch, den die Croûtons als Topping mitbringen, fördert unvergleichliche Geschmacksexplosionen.
Ein Gericht für die »Sääle« – zu Deutsch: Soul Food!

ZUBEREITUNGSZEIT: 50 MINUTEN

FÜR 4 PERSONEN

500 g frischen jungen Blattspinat
3 große milde Gemüsezwiebeln
5 EL Butter
Salz
frisch gemahlener schwarzer Pfeffer
frisch geriebene Muskatnuss
8 Eier
2 Scheiben Weißbrot
150–200 ml Pflanzenöl
4 Maultaschen
1 EL frische Kresse (optional)

ZUBEREITUNG

Zu Beginn acht schöne Spinatblätter zur Seite legen, um sie später zu frittieren. Den übrigen Spinat waschen, grob in Streifen schneiden und kurz blanchieren. Eine Zwiebel in kleine Würfelchen schneiden. In einer Pfanne diese in etwas Butter anschwitzen. Den blanchierten Spinat hinzugeben, den man vorher etwas ausdrücken sollte. Den Spinat mit Salz, Pfeffer und frisch geriebener Muskatnuss abschmecken.
Die zwei übrigen Zwiebeln in Ringe schneiden und in einer Pfanne mit etwas Butter langsam schmälzen.
Drei Eier in eine kleine Schüssel aufschlagen, von den übrigen fünf Eiern nur das Eigelb dazugeben (das Eiweiß anderweitig verwenden). Das Rührei wird dadurch appetitlich gelb.
Die Eimasse etwas mit Salz würzen, dann in einer beschichteten Pfanne mit etwas Butter zu Rührei braten. Dabei vier gleich große Fladen formen.
Für die Croûtons das Weißbrot in kleine Würfel schneiden. In einer Pfanne 1 EL Butter schmelzen, die Brotwürfel darin anbraten und mit etwas Salz würzen. Von allen Seiten goldgelb braten.
Das Pflanzenöl in einem kleinen Topf erhitzen und darin die acht Spinatblätter wenige Sekunden frittieren. Dann auf einem Küchenpapier abtrocknen lassen.
Die Maultaschen in einem Topf mit gesalzenem Wasser 10–12 Minuten garen. Sie dürfen dabei nicht kochen.

ANRICHTEN

Ein rechteckiges Spinatbett auf flachen Tellern auslegen. Die Maultaschen passend darauf absetzen. Das noch warme Rührei darauf anrichten. Die gebratenen Zwiebeln über dem Ei verteilen. Die Croûtons großzügig über das Gericht streuen. Mit den frittierten Spinatblättern toppen. Optional mit etwas frischer Kresse garnieren.

HERBST: MAULTASCHEN AUF FILDERKRAUT

Sauerkraut wird typischerweise aus Weißkohl hergestellt. Im Schwabenland gibt es was Besseres: das feine, zarte Filderkraut. Dieser einzigartige Spitzkohl wurde von findigen schwäbischen Mönchen vor 400 Jahren gezüchtet und ist dem derben Weißkohl geschmacklich weit überlegen. Die namensgebende Filderebene breitet sich südlich von Stuttgart auf einer Hochebene aus. Nur hier gibt es diese einzigartige Bodenstruktur für ausgezeichnete Wachstumsbedingungen. Filderspitzkraut ist seit 2012 eingetragen als »geschützte geografische Angabe« in der EU.
Der Spitzkohl wird ab Oktober geerntet. Als Sauerkraut passt er optimal zu Maultaschen. Da Filderkraut reich an Ballaststoffen, Vitaminen und Mineralstoffen ist, gilt es als gesund, sowohl für die Verdauung als auch für das Immunsystem. Eine stimmige Kombination für einen genussvoll-gemütlichen Herbstabend.

ZUBEREITUNGSZEIT: 50 MINUTEN

FÜR 4 PERSONEN

1 große Zwiebel
1 Apfel
1 TL Zucker
1 EL Butter
250 ml trockener Weißwein oder Gemüsebrühe (siehe Seite 161)
600 g Sauerkraut aus Filderkraut
1 Lorbeerblatt
2 Gewürznelken
4 Wacholderbeeren
1 TL Kümmel
Salz
frisch gemahlener schwarzer Pfeffer
100 g Bauchspeck
Zucker
8 Maultaschen

ZUBEREITUNG

Die Zwiebel und den Apfel klein würfeln. Zusammen mit dem Zucker in einen Topf mit der zerlassenen Butter geben. Sobald die Zwiebel glasig ist, das Ganze mit Weißwein oder Gemüsebrühe ablöschen und anschließend das gut abgetropfte Sauerkraut mit allen restlichen Gewürzen hinzugeben. Gut durchrühren und bei mittlerer Temperatur etwa 30 Minuten dünsten. Gegen Ende der Garzeit das Lorbeerblatt, die Gewürznelken und die Wacholderbeeren wieder entfernen.
Parallel den Bauchspeck vorbereiten. Dieser lässt sich roh kaum in feine Streifen schneiden, weil er so weich ist. Deshalb in zwei Schritten vorgehen: 1 cm dicke Scheiben abscheiden. Diese bei mittlerer Hitze in einer Pfanne ohne Fett rundum kross anbraten. Herausnehmen, auf Küchenpapier ablegen. Nachdem die Stücke abgekühlt sind, in feine Streifen schneiden. Diese zurück in die Pfanne geben und noch ein paar Minuten anbraten. Mit Salz und Zucker würzen. Wenn sie rundum kross sind, herausnehmen und auf Küchenpapier ablegen.
In der Zwischenzeit die Maultaschen in einem Topf mit gesalzenem Wasser 10–12 Minuten garen. Sie dürfen dabei nicht kochen.

ANRICHTEN

Das Filderkraut auf den Tellern anrichten. Mit Kümmel bestreuen. Die Maultaschen darauf anrichten, mit dem Speck toppen und servieren.

WINTER: MAULTASCHE AUF ALBLINSEN MIT BLUTWURST

»Alte« Begleiter sorgen für großen Genuss: Die Maultasche thront auf einem Hügel von Linsen – eine der ältesten Kulturpflanzen. Und wird gekrönt von Blutwurst, einer der ältesten Wurstarten.
Es sind besondere Linsen, von der Schwäbischen Alb. Die Region gehörte bis in die 1950er-Jahre zu den Hochburgen für Linsenanbau in Deutschland. Bis dieser unrentabel wurde. Seit einigen Jahren erblüht die Tradition wieder, befeuert durch die Wiederentdeckung der als verschollen gegoltenen urschwäbischen Sorte »Alb Leisa«. In der Genbank des St. Petersburger Wawilow-Institutes wurde diese Spezialität im Jahr 2006 wiederentdeckt. Seither werden die kleinen, geschmacksintensiven Dunkelbraunen wieder kultiviert – mit wachsendem Erfolg.
Blutwurst war etwas aus der Mode gekommen, bis sie vor einigen Jahren eine verdiente Renaissance erlebte in der Sternegastronomie. Geschmacklich kann ihr kaum eine andere Wurst das Wasser reichen.

ZUBEREITUNGSZEIT: **50 MINUTEN**

FÜR 4 PERSONEN

1 Stange Lauch
1 mittelgroße Karotte
1 Zwiebel
7 EL Butter
200 ml Gemüsebrühe (siehe Seite 161)
250 g Alb Leisa (Späths Alblinse I, »Die Große« oder kleine Alblinsen)
½ Bund glatte Petersilie
Salz
frisch gemahlener schwarzer Pfeffer
Saft von ½ Zitrone
Balsamico
8 Maultaschen
250 g Blutwurst
Weizenmehl

ZUBEREITUNG

Den Lauch waschen und in feine Ringe schneiden. Karotte waschen, in feine, kurze Streifen schneiden. Zwiebel fein würfeln. Diese drei Gemüsesorten in einem Topf in 2 EL Butter zusammen andünsten. Mit Gemüsebrühe ablöschen, die Linsen dazugeben und offen etwa 20–25 Minuten köcheln lassen (Alb Leisa müssen vorher nicht eingeweicht werden). Die Konsistenz der Linsen nach 20 Minuten kontrollieren. Am Ende sollen sie noch Biss haben. Den Topf dann vom Herd nehmen und die klein gehackte Petersilie (etwas zum Garnieren zur Seite legen) unterrühren. Alles mit Salz, Pfeffer, Zitronensaft und einer Spur Balsamico abschmecken.
Währenddessen die Maultaschen in einer großen Pfanne in 4 EL geschmolzener Butter 8–10 Minuten schwenken und anbraten.
Die Blutwurst in etwa 1–1,5 cm dicke Scheiben schneiden. Die Haut entfernen. Die Wurst in etwas Mehl wenden und in der heißen Pfanne in der übrigen geschmolzenen Butter kurz anbraten.

ANRICHTEN

Die Maultaschen neben den Linsen auf Tellern platzieren. Die angebratenen Blutwurstscheiben darauf anrichten. Mit Petersilie garnieren. Sofort servieren.

Heimat-Kreationen

Heimat ist ein großes, warmes Gefühl. Meine schwäbischen Wurzeln und meine Heimatverbundenheit empfinde ich als eine Verpflichtung, der ich in diesem Kapitel gerecht werden möchte. Es geht um klassische schwäbische Gerichte mit Maultaschen, aber auch um Neuinterpretationen und Neukombinationen. Und da geht einiges, wie die folgenden Rezepte eindrucksvoll aufzeigen.

IMPERFEKTE KONSISTENZ FÜHRT ZUR PERFEKTION

Eine lockere Konsistenz und grobe Textur spielen eine ganz entscheidende Rolle für den Geschmack bei dem Multi-Zutaten-Produkt Maultasche. Denn: Taktile Empfindungen im Mund (das sogenannte »Mundgefühl«) haben einen enormen Einfluss darauf, was uns schmeckt oder eben nicht schmeckt.

Beim Schmecken wirken viele Sinne mit

Wenn uns etwas herausragend gut schmeckt, ist das immer das Ergebnis von komplexen, multisensorischen Effekten:

- Wie sieht das Essen aus? (Sehsinn, Augen)
- Welche Geräusche entstehen dabei? (Gehör, Ohren)
- Welche Geschmacksnoten werden im Mund angesprochen bzw. welche Geschmacksrichtungen? (sauer, süß, salzig, bitter, umami)
- Welche Aromastoffe nehmen wir wahr? (Geruchssinn, Nase)
- Welche chemischen Wirkungen werden ausgelöst? (Mund, Mundschleimhäute)
- Was fühlen wir im Mund? (Zunge, Lippen, Zähne)

Mundgefühl: Das Fühlen beeinflusst den Geschmack

Es gibt zu diesem Thema das herausragende Buch *Mouthfeel – How Texture Makes Taste*, das aus der Feder des dänischen Physikers und Professors für Gastrophysik Ole G. Mouritsen und seines Co-Autors Klavs Styrbæk stammt. Auf über 350 hoch spannenden Seiten legen sie dar, über welche komplexen Zusammenhänge Geschmack entsteht und welche lang unterschätzte Bedeutung das Mundgefühl dafür hat.

Mundgefühl ist danach ein Teil des somatosensorischen Systems. Darüber werden im Mund beim Essen physikalische Reize wie Schmerz oder Temperatur ebenso aufgenommen wie taktile Empfindungen wie Druck, Berührung, Dehnung und Schwingungen. Vieles davon wird über die Bewegungen der Zunge erfasst wie Größe, Formen und die Textur des Essens. Zusätzlich liefern auch die Nerven in unseren Zähnen Informationen über die Struktur des Lebensmittels, seine Härte, ob knusprig oder elastisch, sowie die Größe einzelner Partikel.

Diese Informationen aus dem Mund gelangen unbewusst direkt in unser Gehirn. Alle diese Reize aus dem Mund zusammen beeinflussen dort unser Geschmacksempfinden: mag ich oder mag ich nicht! Tatsächlich stelle sich häufig heraus, dass unser Gefallen an einem Lebensmittel oder unsere Ablehnung desselben mehr davon abhängt, wie es sich in unserem Mund anfühlt, als davon, wie es schmeckt oder riecht.

Beispiel pürierte Pommes frites

Besonders anschaulich erleben wir diese Effekte bei einem Test: Essen wir Pommes frites, haben wir alle eine nahezu gleiche Erwartungshaltung. Sie müssen heiß sein, außen knackig knusprig, innen weich, gut gewürzt. Serviert man uns genau diese Pommes frisch gemixt zu einem Brei, sind die Zutaten noch immer identisch, der Geschmack jedoch völlig zerstört – durch das gänzlich andere Mundgefühl.

Auch klar: Nicht bei allen Lebensmitteln hat das Mundgefühl einen gleich hohen Einfluss auf das Geschmacksempfinden. Bei Maultaschen hingegen kann der Einfluss gar nicht hoch genug eingestuft werden.

Wichtig: grobe Füllung

Traditionell werden die Zutaten der Maultaschenfüllung zu Hause von Hand geschnitten und zerkleinert, das Hackfleisch frisch gewolft und alles zusammen von Hand zu einer Masse vermischt. In so einer Füllung gibt es Klümpchen von Zutaten, große und kleine Stücke von Brot, Zwiebeln, Spinat und was auch immer sonst noch zum Lieblingsrezept gehören mag. Die entstandene Farce ist quasi »unvollkommen vermischt« und soll diese grobe Struktur auch behalten. Sie wird dann händisch mit dem Teig verbunden, gewickelt, gerollt und gekocht. Auch dabei entstehen wieder »Unregelmäßigkeiten«. Diese im Endergebnis »imperfekte Konsistenz«, die in unserem Mund landet, ist die Perfektion! Nur solche Maultaschen entwickeln beim Verzehr dieses sensationelle Geschmackserlebnis im Mund und schließlich die erwarteten kulinarischen Genusshöhepunkte.

Maultaschen brauchen Luft

Hinzu kommt: In manchen Lebensmitteln braucht es eingeschlossene Luft. Ein Beispiel: Den Biss in einen knackig frischen Apfel empfinden wir auch deshalb so lust- und geschmackvoll, weil dieser zu 25 Prozent aus Luft besteht.

Bei handgemachten Maultaschen entstehen immer auch Lufthöhlen. Das geht bei handwerklicher Herstellung gar nicht anders. Zum Glück: Die luftiglockere Textur der Füllung steigert das aufregende und angenehme Mundgefühl noch.

Nur eine Handgewickelte kann »eine wesentlich spektralere Erlebnistiefe« schaffen, wie es Jürgen Dollase, der Gastronomiekritiker der *Frankfurter Allgemeinen Zeitung* und Texturexperte, sagen würde.

Feine Füllung, weniger Mundgefühl

Je feiner jedoch die Füllung, je kleiner die einzelnen Zutaten zermahlen werden, desto breiiger wird sie. Eine lockere Struktur kann nicht entstehen in der Maultasche. Zunge und Zähne erspüren keine differenzierte Teigtasche, sondern eine homogene Masse, in der Lufteinschlüsse fehlen. Ein glücksschaffendes Mundgefühl kann dabei nicht entstehen.

Von Hand gewickelte Maultaschen mit lockerer, grober Füllung schmecken daher in der Regel um Längen besser als industriell-maschinell hergestellte Maultaschen. Letztere sind nämlich typischerweise sehr fest und kompakt mit kleinteilig vermischter Füllung.

AMUSE-GUEULES MIT MAULTASCHEN

Gehobene Restaurants wollen mit einem Amuse-Gueule (»Gaumenfreude«) ihre Gäste vor dem eigentlichen Menü schon einstimmen und überraschen. Fein, mundgerecht klein und appetitanregend soll er sein, der berühmte »Gruß aus der Küche«.
Dies gelingt auf ganz überraschende Weise auch mit feinen Maultaschen. Diese Variante schmeckt nicht nur ausgezeichnet, sie ist auch noch in Windeseile zubereitet. Und – die dreifarbigen Sticks passen ideal als Beilage zu jedem Aperitif oder Cocktail.

ZUBEREITUNGSZEIT: 20 MINUTEN

FÜR 4 PERSONEN

4–6 Stangen grüner Spargel
15 Cherrytomaten
3 Maultaschen (für 30 Würfel)
2 EL Butter
Salz

ZUBEREITUNG

Den Spargel waschen, das untere Drittel schälen, gegebenenfalls holzige Enden abschneiden. Den Rest in etwa 2 cm lange Stücke schneiden. Die Cherrytomaten waschen und halbieren. Die Maultaschen würfeln.
Zwei Pfannen bereitstellen. In der einen die Maultaschen bei mittlerer Temperatur in 1 EL Butter etwa 6–8 Minuten rundherum knusprig braun anbraten. Nicht zu oft wenden, damit sie nicht auseinanderfallen.
In der zweiten Pfanne die Spargelstücke in 1 EL Butter 5–8 Minuten anbraten. Sie sollen noch Biss haben. Kurz vor Ende der Garzeit die Tomaten auf der angeschnittenen Fläche mit in die Pfanne legen und etwa 1 Minute mitbraten. Alles etwas salzen und vom Herd ziehen.

ANRICHTEN

Mit Zahnstochern zuerst ein bis zwei Spargelstücke aufpicken, dann eine Tomate und zuletzt ein Stück Maultasche. Auf einer schönen Platte platzieren und sofort servieren.

TIPP

Maultaschen schmecken auch kalt überaus lecker! Im Handumdrehen lassen sich Maultaschen-Sticks mit Obst, Früchten, Speck oder Käse zubereiten.

OMELETT MIT MAULTASCHEN

Am Frühstücksbüfett in Hotels stehen sich die Gäste die Beine in den Bauch, um an ein frisch zubereitetes Omelett zu kommen. Das hat Gründe! Die Grundzutaten Ei und Sahne schaffen wahlweise zusammen mit Gemüse, Kräutern, Käse, Speck oder Schinken einen starken Einstieg in den Tag.
Omeletts mit Maultaschen werden genau aus diesem Grund nicht nur im Schwabenland immer beliebter.

ZUBEREITUNGSZEIT: 25 MINUTEN

FÜR 4 PERSONEN

1 Handvoll glatte Petersilie
3 Frühlingszwiebeln
8 Eier
75 g süße Sahne
Salz
frisch gemahlener schwarzer Pfeffer
4 Maultaschen
2 EL Butter zum Braten
4 große Scheiben Bauernbrot
12 Cherrytomaten

ZUBEREITUNG

Die Petersilie waschen und fein hacken. Frühlingszwiebeln waschen und in feine Röllchen schneiden. Diese zusammen mit Eiern, Sahne und 6 EL Petersilie mit einer Gabel verquirlen. Die Mischung mit Salz und Pfeffer würzen.
Eine Maultasche in 5 mm dünne Scheiben schneiden und in einer beschichteten Pfanne mit 1 TL geschmolzener Butter bei mittlerer Temperatur auf einer Seite goldbraun anbraten. Nun die Maultaschenscheiben umdrehen und in gleichmäßigen Abständen in der Pfanne verteilen. Ein Viertel der Ei-Mischung mit einer Schöpfkelle darübergießen, sodass der gesamte Pfannenboden bedeckt ist. Bei mittlerer Hitze kurz stocken lassen. Das Ei soll an der Oberfläche noch etwas flüssig sein. Dann die eine Hälfte des Omeletts auf die andere Hälfte klappen. Das gefaltete Omelett noch ein- bis zweimal wenden und nur noch kurz weiterbraten.
Diesen Vorgang für die übrigen drei Omeletts wiederholen.

ANRICHTEN

Das Bauernbrot toasten, die Omeletts vorsichtig darauf absetzen. Mit der restlichen Petersilie sowie je drei halbierten Cherrytomaten garnieren. Zusammen mit einem Brotkorb und Butter servieren.

TIPP

Wer sein Omelett gerne mit Käse mag, ergänzt einfach etwa 30 g geriebenen Gouda zu der Eiermasse.

SCHWÄBISCHE GEMÜSESUPPE MIT MAULTASCHE

Dieses Gericht schließt eine Lücke im schwäbischen Küchen-Kosmos. Googelt man »schwäbische Gemüsesuppe«, liefert das Internet keine Rezepte. Nicht dass es hier keine üppige Vielfalt gäbe an schmackhaften Suppen. Man denke nur an Flädlesuppe, Riebelesuppe, Leberknödelsuppe und andere mehr. Aber wir sind offenbar nicht die größten Liebhaber von Gemüsesuppen.
Dieses einfache, schnelle und schmackhafte Rezept einer schwäbischen Gemüsesuppe schlägt demnach ein neues Kapitel auf in der Schwabenkulinarik.

ZUBEREITUNGSZEIT: **30 MINUTEN**

FÜR 4 PERSONEN

1 Stange Lauch
2–3 Stangen Sellerie
2 mittelgroße Karotten
1 mittelgroße rote Zwiebel
1,2 l Ochsenschwanzbouillon (siehe Seite 30) oder Gemüsebrühe (siehe Seite 161)
1 mittelgroße Zucchini
20 Cherrytomaten
4 Maultaschen

ZUBEREITUNG

Den Lauch waschen und in dünne Ringe schneiden. Den Sellerie waschen und in etwa 1–2 cm große Stücke schneiden, das Grün zur Seite legen. Karotten schälen und in mundgerechte Stücke oder Scheiben schneiden. Die Zwiebel halbieren und in Scheiben schneiden.
Die Bouillon aufsetzen und zum Kochen bringen. Die vorbereiteten Zutaten hineingeben und bei mittlerer Temperatur 10 Minuten köcheln lassen.
In der Zwischenzeit die Zucchini waschen und in mundgerechte Stücke schneiden. Die Tomaten waschen. Die Maultaschen in möglichst dreieckige Stücke schneiden. Dazu zunächst die vier Ecken abschneiden, sodass Dreiecke entstehen. Dann weiter dreieckige Teilstücke schneiden.
Nach Ablauf der 10 Minuten die Maultaschenstücke und Zucchini zusammen mit zwei bis drei Büscheln Selleriekraut zur Suppe hinzufügen. Weitere 5 Minuten köcheln lassen. Dann die Tomaten dazugeben und 3–4 Minuten mitköcheln lassen. Die Suppe vom Herd nehmen und das Selleriekraut entfernen.
Die Brühe ist nun so kräftig, dass eigentlich kein Salz oder Pfeffer mehr gebraucht wird.

ANRICHTEN

Die Suppe mit einer großen Schöpfkelle in Suppenteller geben. Mit gerupftem oder gehacktem Selleriekraut garnieren.

SCHWÄBISCHE HOCHZEITSSUPPE

Nur noch wenige gutbürgerliche Gasthöfe und Restaurants führen die Hochzeitssuppe auf ihrer Karte. Denn sie ist aufwendig herzustellen. Bei Hochzeiten jedoch wird sie noch immer als Einstieg in das große festliche Menü geordert. Aus guten Gründen!
Traditionell eröffnet im Ländle das Brautpaar die Menüfolge, indem es gemeinsam aus einem Teller Hochzeitssuppe löffelt. Dieses Ritual soll Glück über die beiden bringen und ist gleichzeitig ein Ausdruck ihrer Verbundenheit mit ihrer Heimat und deren Traditionen.
Von den drei klassischen Protagonisten dieser Suppe – Maultaschen, Flädle und Klöße – brauchen insbesondere die Grießklöße eine Extraportion Gelassenheit. Für die gilt das Motto meiner Schwiegermutter: »Ned hetza. Ned kocha wi a Wäsch!«

ZUBEREITUNGSZEIT: **45 MINUTEN** | RUHEZEIT KLOSSTEIG: **1 STUNDE**

FÜR 4 PERSONEN

2–3 Maultaschen
700–800 ml Ochsenschwanzbouillon (siehe Seite 30)
etwas glatte Petersilie zum Garnieren

Für die Grießklöße
1 Ei
40 g Butter
1 TL Salz
frisch geriebene Muskatnuss
80 g Hartweizengrieß (keinesfalls Vollkorngrieß)

Für das Spinat-Flädle
50 g Weizenmehl Type 405
50 ml Milch
1 Ei
1 Prise Salz
10 g frischer junger Blattspinat
1 EL Butter zum Braten

ZUBEREITUNG

Zunächst die Grießklöße herstellen – diese brauchen am meisten Zeit. Dazu das Ei mit der Butter mit einem Schneebesen schaumig schlagen. Mit Salz und Muskatnuss würzen. Dann langsam den Grieß dazugeben. Den Teig mindestens 1 Stunde bei Zimmertemperatur ruhen lassen.
Einen Topf mit ordentlich gesalzenem Wasser aufsetzen. Wenn das Wasser kocht, mit zwei feuchten Teelöffeln ovale Klöße aus der Masse formen und vorsichtig ins Wasser gleiten lassen. Etwa 15–20 Minuten simmern lassen. Mit einem Schaumlöffel herausnahmen und zur Seite stellen.
Für den Pfannkuchen (schwäbisch »das Flädle«) aus Mehl, Milch, Ei und Salz mit einem Schneebesen einen glatten Teig herstellen. Dann mindestens 15 Minuten quellen lassen. Den Spinat waschen, abtropfen lassen, gegebenenfalls die Stiele entfernen und die Blätter in feine Streifen schneiden. Diese gleichmäßig unter den Teig mischen. In einer Pfanne die Butter schmelzen und den Pfannkuchen darin bei mittlerer Temperatur auf beiden Seiten leicht anbräunen. Das Flädle herausnehmen, zur Seite legen, abkühlen lassen. Schließlich aufrollen und in etwa 4–5 mm dünne Streifen schneiden.
Die Maultaschen in etwa 3 × 3 cm große Würfel schneiden. Die Bouillon in einen großen Topf geben und die Maultaschenstücke darin 5–6 Minuten erhitzen. Nur simmern, nicht kochen. Dann Klöße und Flädle für etwa 3 Minuten dazugeben.

ANRICHTEN

Traditionell kommt dieses Gericht in der großen Suppenschüssel auf den Tisch. Mit ein wenig gehackter Petersilie garnieren.

MAULTASCHENAUFLAUF MIT TOMATEN, LAUCH UND SCHWARZWÄLDER SPECK

Gegarte Maultaschen aus dem Ofen können überaus köstlich schmecken. Für die Knusperkruste sorgen kräftiger Bergkäse mit mindestens 45 % Fett sowie Semmelbrösel. Für die passenden Zutaten ist feines Gespür gefragt. Weniger ist mehr. In der Maultaschenauflauf-Arena spielen sich unwürdige Szenen ab: Die Herrgottsbscheißerle werden von unpassenden Zutaten erdrückt, mit Hollandaise aus dem Tetra Pak geflutet und tütenweise mit geschmacksneutralem Gouda überbacken. Hier ein einfaches, ehrliches Rezept ohne Schnickschnack. Für einen kräftig-aromareichen Auflauf sorgt insbesondere der Schinkenspeck aus dem Schwarzwald. Noch so ein Produkt aus Baden-Württemberg mit der Auszeichnung »geschützt geografische Angabe«.

ZUBEREITUNGSZEIT: **25 MINUTEN** | GARZEIT: **25 MINUTEN**

FÜR 4 PERSONEN

150 g süße Sahne
4 EL Tomatenmark
Salz
1 Stange Lauch
150 g magerer Schwarzwälder Schinkenspeck
8 Maultaschen
8 mittelgroße reife Tomaten
Butter für die Form
200–250 g kräftiger Bergkäse, gerieben
2–3 EL Semmelbrösel (optional)
frisch gemahlener schwarzer Pfeffer

ZUBEREITUNG

Den Backofen auf 200 °C Ober-/Unterhitze vorheizen.
Sahne und Tomatenmark miteinander verrühren. Nur leicht salzen, denn Speck und Käse bringen auch Salz mit.
Den Lauch waschen und in etwa 2–3 mm dünne Streifen schneiden. Den Speck in kleine Würfelchen schneiden. In einer Pfanne die Speckwürfel bei mittlerer Temperatur kurz auslassen, dann den Lauch hinzugeben und kurze Zeit mitdünsten. Zur Seite stellen.
Die Maultaschen in etwa 5 mm dünne Streifen schneiden. Tomaten waschen und in sehr dünne Scheiben schneiden.
Eine Auflaufform mit Butter einfetten. Den Boden komplett mit Maultaschenstreifen bedecken. Anschließend eine Schicht Tomatenscheiben darauf verteilen. Die Hälfte von Speckwürfeln und Lauch auf die Tomaten geben. Darauf kommt dann etwa ein Drittel des Käses. Anschließend folgen erneut Maultaschen, Tomaten sowie Speck und Lauch. Schließlich die Tomatensahne über allem verteilen.
Das Ganze im vorgeheizten Ofen 25 Minuten backen. Nach etwa 15 Minuten den restlichen Käse darüberstreuen. Für eine besonders knusprige Kruste noch mit Semmelbröseln bedecken. Die Entwicklung der Kruste im Backofen laufend beobachten. Sobald die Farbe gefällt, den Auflauf herausnehmen.

ANRICHTEN

Entweder die Auflaufform in die Mitte des Tisches stellen und jeder nimmt sich eine Portion. Oder den Auflauf auf Tellern verteilen. Eine Pfeffermühle mit auf den Tisch stellen.

TIPP

Zu diesem leckeren Auflauf passt ganz hervorragend ein frischer grüner oder bunt gemischter Salat mit einer klassischen Vinaigrette.

MAULTASCHEN MIT WEISSEM SPARGEL

Wenn im April die Spargelstände öffnen und die Restaurants ihre Spargelkarten voller grüner und weißer Stangen überreichen, stellt man sich in ganz Deutschland wieder die Frage: Was essen wir heute zum Spargel?
In ganz Deutschland? Nein. Im Schwabenland gehören Maultaschen dazu. Schon sehr lang. Denn der erste Spargel auf deutschem Boden wurde im schwäbischen Bad Urach angebaut – im Jahre 1475. Vor dem Hintergrund dieser jahrhundertealten Verbindung zwischen der Teigtasche und dem Gemüsespargel stellt sich nur noch die philosophische Frage: Sind die Maultaschen die Beilage des Spargels – oder ist es nicht eher umgekehrt?

ZUBEREITUNGSZEIT: **1 STUNDE**

FÜR 4 PERSONEN

4 EL Butter
800 g weißer Spargel
Salz
Zucker
4 Maultaschen
1 Bund frischer Schnittlauch, in Röllchen geschnitten

Für den Salat

200 g Wildkräutersalat
Vinaigrette (siehe Seite 90)

Für die Hollandaise

4 weiße Pfefferkörner
½ Schalotte (15 g)
2 TL Weißweinessig
200 g Butter
2 Eigelb
Salz
frisch gepresster Zitronensaft
Cayennepfeffer

ZUBEREITUNG

Etwa 2 EL Butter in einer Pfanne zum Schmelzen bringen, sofort vom Herd nehmen. Zur Seite stellen. Den Spargel schälen und gegebenenfalls holzige Enden abschneiden.
In einen breiten, flachen Topf etwa 1 cm hoch Wasser einfüllen und erhitzen. Den Spargel hineinlegen. Die geschmolzene Butter sowie je 1 Prise Salz und Zucker über dem Spargel verteilen. Diesen etwa 15 Minuten garen, er sollte bissfest sein.
Den Salat waschen. Die Vinaigrette herstellen. Kurz bevor der Spargel gar ist, in einer Schüssel mit der Salatsauce mischen.
Parallel dazu die Maultaschen bei mittlerer Hitze in einer großen Pfanne in 2 EL Butter etwa 8–10 Minuten anbraten, bis sie goldbraun sind. Kurz vor Ende der Garzeit die gebratenen Maultaschen diagonal durchschneiden und auf den Schnittflächen auch noch kurz anbraten.
Für die Hollandaise zunächst die Reduktion herstellen: Pfefferkörner, sehr fein geschnittene Schalotte, Essig und 3 EL Wasser etwa um die Hälfte einkochen und durch ein Sieb geben. Abkühlen lassen.
In einem kleinen Topf die Butter zerlassen und so lange bei mittlerer Temperatur köcheln lassen, bis sie klar ist. Den Schaum abschöpfen.
Nun die Reduktion und das Eigelb in einer Rührschüssel aus Metall mit dem Schneebesen über dem heißen Wasserbad aufschlagen.
Die Sauce soll nicht zu heiß werden. Sobald die Masse schaumig ist, vom Wasserbad nehmen. Nach und nach die geklärte Butter mit dem Schneebesen kräftig unterrühren. Die Sauce mit Zitronensaft, Salz und Cayennepfeffer abschmecken.

ANRICHTEN

Teller vorwärmen. Eine Handvoll Salat am Tellerrand platzieren. Spargel mittig anrichten. Etwas Hollandaise darübergeben. Dann die Maultaschen ablegen und alles mit Schnittlauch dekorativ garnieren. Übrige Sauce im Schälchen mit auf den Tisch stellen.

KINDER LIEBEN MAULTASCHEN

Mit zwei schwäbischen Erfindungen kann man Kinder glücklich machen – und nicht nur satt! Mit Brezeln und mit Maultaschen. Brezeln gibt es dank Ditsch und Co. mittlerweile bundesweit – immer und überall. Maultaschen leider noch nicht.

Aber, Mütter dieser Republik, lasst euch sagen: Mit schwäbischen Maultaschen wird das Leben leichter. Wer Kinder hat, kennt das Thema: Sie sind »schleckig«, wie man im schwäbisch-alemannischen Sprachraum sagt. Auf Hochdeutsch: wählerisch. Nicht selten sogar sehr wählerisch. Viele Lebensmittel und Gerichte, die die Eltern lieben und gerne zubereiten, werden von ihren Kids abgelehnt. Immer wieder hängt dann der Haussegen schief.

Suppenkaspar lässt grüßen

Das Problem ist nicht neu. Schon im Kinderbuch-Klassiker *Struwwelpeter* von 1844 brüllt der Suppenkaspar: »Ich esse meine Suppe nicht! Nein, meine Suppe ess ich nicht!« Aber es scheint, dass es heute noch verbreiteter ist als Mitte des 19. Jahrhunderts. *Der Spiegel* hat in diesem Zusammenhang vor einigen Jahren über solche Kinder gar von »Mäkel-Monstern« gesprochen. Die einen lehnen Spinat kategorisch ab, die anderen Tomaten. Wieder andere streiken bei Krustentieren, Lachs, Spargel, Roter Bete, Koriander oder Käse. Die Liste ließe sich fast endlos fortsetzen.

Drei Fliegen mit einer Klappe

Glücklicherweise gibt es bei Maultaschen solche Abwehrreaktionen fast nie. Probiert es aus! Weil sie schnell und unkompliziert zubereitet werden können, egal ob geröstet, gekocht, gebraten oder überbacken, schlägt man damit drei Fliegen mit einer Klappe. Man spart Zeit in der Küche. Die Kinder sind glücklich. Und man braucht kein schlechtes Gewissen zu haben, denn die Nährwerte von Maultaschen können sich sehen lassen.

Aufpassen beim Einkauf

Freilich sollte man beim Einkaufen genau hinschauen. Maultasche ist nicht gleich Maultasche. Ein Blick auf die Zutatenlisten ist zu empfehlen. Gute traditionell hergestellte liefern Kohlenhydrate, Eiweiß und Vitamine. Sie sind kalorienarm und, ganz wichtig für Kinder, zuckerarm. Nicht zu vergessen: Je weniger Zusatzstoffe enthalten sind, desto besser!

Der Struwwelpeter

GRILLSPIESSE MIT MAULTASCHEN UND GEMÜSE

Maultaschen auf dem Grill sind ein Balanceakt. Der Grund dafür liegt offen zutage: Die Hülle besteht nun mal aus einem Nudelteig – und wer legt schon Nudeln auf den Grill? Aber: Der Nudelteig wird zum Glück übertroffen von einer großen Menge an Füllung. Und diese wiederum mag Gluthitze ausgesprochen gern.
Jeder Versuch, Maultaschen zu grillen, muss daher beiden Bestandteilen gerecht werden: der Teighülle und der Füllung. Die Würfel der Teigtasche werden bei diesem Grillspieß vor dem Austrocknen geschützt, indem sie in saftigen Speck eingewickelt werden. Daneben kommen ausschließlich solche »Spieß-Nachbarn« zum Einsatz, die ebenfalls nur kurz auf den Grill müssen. Dazu zählen insbesondere die in Spanien verbreiteten bitter-süßlichen Pimientos de Padrón, die wegen ihrer dünnen Haut zu den »Schnellgrillern« gehören – im Gegensatz zu den Paprikaschoten hierzulande.

ZUBEREITUNGSZEIT: **30 MINUTEN**

FÜR 4 PERSONEN
(8 SPIESSE)

2–3 Maultaschen
4–6 Scheiben Frühstücksspeck
1 mittelgroße Zucchini
100 g kleine Champignons
100 g Pimientos de Padrón
15–20 Cherrytomaten
Meersalz (Fleur de Sel)
frisch gemahlener schwarzer Pfeffer

ZUBEREITUNG

Die Maultaschen in große Würfel schneiden. Jeden Würfel mit einer Scheibe Frühstücksspeck eng umwickeln. Die Zucchini waschen und in 1–2 cm dicke Scheiben schneiden. Die Champignons putzen und je nach Größe in Stücke scheiden, die so groß sind wie die Zucchinischeiben und Maultaschenwürfel. Pimientos und Tomaten waschen.
Die Zutaten nun je nach Gefallen mehr oder weniger regelmäßig auf Holz- oder Metallspieße spießen. Auf dem Grill 5–10 Minuten grillen. Die Hitze sollte dafür nicht allzu hoch sein. Haben das Gemüse und der Speckmantel braune Grillkrusten und damit BBQ-Aroma angenommen, die Spieße herunternehmen.
Das Gemüse nach Belieben mit Meersalz und Pfeffer würzen.

TIPP

Dazu passen frische bunte Blattsalate sowie jede Form von frischen Kräuterdips.

MAULTASCHEN-SOMMERPFANNE MIT PETERSILIE

Dieses Gericht verlangt einen großen Bräter oder eine sehr große Pfanne. Denn die Zutaten brauchen möglichst viel Kontakt zum »Hitzeboden«. Sowie zum Schluss die großzügige Zugabe von Petersilie – ganz im Stile eines Jamie Oliver.
Wer schon mal eine Kochsendung mit dem britischen Spitzenkoch und Kochshow-Entertainer gesehen hat, weiß, was gemeint ist. Jamie Oliver ist berühmt dafür, frische Kräuter in opulenten Mengen mit den Händen grob zu zerteilen und in die brodelnden Töpfe zu werfen. Das kann er wie kein anderer. Und das schmeckt! Und riecht! In diesem Fall nach würzig-frischer Petersilie. Aber natürlich nicht nur.

ZUBEREITUNGSZEIT: 30 MINUTEN

FÜR 4 PERSONEN

1 Bund glatte Petersilie
2 mittelgroße Tropea-Zwiebeln
6 Frühlingszwiebeln
200 g kleine Cherrytomaten (35–40 Stück)
8 Maultaschen
8 EL Olivenöl
Salz
frisch gemahlener schwarzer Pfeffer

ZUBEREITUNG

Die Petersilie waschen und auf Küchenpapier abtrocknen lassen. Die abgerupften Blätter grob zerreißen oder hacken. Die Zwiebeln halbieren und in dicke Scheiben schneiden (3–4 mm breit). Frühlingszwiebeln waschen und in etwa 5 cm lange Stücke schneiden. Die Cherrytomaten waschen. Die Maultaschen in dicke Scheiben schneiden.
Im Bräter das Olivenöl auf mittlere Temperatur bringen. Die Maultaschen darin anbraten. Nach 3–4 Minuten die Zwiebeln dazugeben und unter gelegentlichem Wenden 3–4 Minuten mitbraten. Dann die Frühlingszwiebeln in die Pfanne geben und alles ab und zu wenden. Nach weiteren 3–4 Minuten die Cherrytomaten sowie als Krönung, wie Jamie Oliver, zwei gute Handvoll Petersilie drübergeben. Dabei nicht sparsam sein. Alles zusammen weiter anbraten, nur noch vorsichtig wenden, bis die ersten Petersilienblätter kross werden. Die Maultaschen sind zu dem Zeitpunkt ebenfalls rundum knusprig. Salzen und pfeffern.

ANRICHTEN

Entweder die Pfanne bzw. den Bräter in die Mitte des Tisches stellen und jeder nimmt sich seine Portion. Oder auf Teller verteilen und mit etwas Petersilie garnieren.

GRÜNE GEMÜSEPFANNE MIT MAULTASCHEN

*Für mich ist Grün **die** Symbolfarbe für Maultaschen. Insbesondere wegen des geschichtsträchtigen Gründonnerstags (siehe Seite 28). Insofern liegt diese Rezeptidee geradezu auf der Hand: verschiedene grüne Gemüsesorten, in Butter schmackhaft angebraten mit geviertelten Maultaschen. Ein Augen- und ein Gaumenschmaus.*
Der Star unter dem Gemüse kommt aus Italien: Romanesco. Wegen seiner fantasievoll ausgebildeten Röschen wird diese alte Blumenkohlart auch Minarettkohl genannt. Er schmeckt aromatischer als Blumenkohl, bringt überdies mehr Vitamine mit und wird hierzulande von Mai bis Oktober geerntet.
Für dieses Gericht braucht es eine wirklich große beschichtete Pfanne oder einen entsprechend großen Bräter. Hat man das nicht zur Hand, sollte man die Zutaten gleichmäßig auf zwei Pfannen verteilen und parallel zubereiten.

ZUBEREITUNGSZEIT: **35 MINUTEN**

FÜR 4 PERSONEN

100 g Brokkoli
200 g Romanesco
Salz
100 g grüner Spargel
100 g Kaiserschoten
4–6 Frühlingszwiebeln
1 Handvoll frische, glatte Petersilie
8 Maultaschen
6 EL Butter
frisch gemahlener schwarzer Pfeffer

TIPP

Man kann noch einen draufsetzen, indem man die Pfanne mit würzigem Allgäuer Käse bedeckt – entweder drüberhobeln oder Käsescheiben verwenden. Dann kurz im Backofen mit der Grillfunktion überbacken.

ZUBEREITUNG

Brokkoli und Romanesco waschen, Blätter und Stiele entfernen. Die Röschen vom Strunk trennen und in gleich große Stücke teilen. Die Romanesco-Röschen 3–4 Minuten in Salzwasser blanchieren, damit sie vorgegart sind und ihre grüne Farbe behalten. Mit kaltem Wasser abschrecken und zur Seite stellen.
Spargel und Kaiserschoten waschen, gegebenenfalls unschöne Enden abschneiden. Beides in etwa 5 cm lange Stücke schneiden. Kleinere Kaiserschoten ganz lassen. Die Frühlingszwiebeln waschen und in grobe Röllchen schneiden. Petersilie waschen und klein schneiden. Die Maultaschen je nach Größe in vier bis sechs Stücke teilen.
In der Pfanne zuerst den Brokkoli mit geschmolzener Butter braten, dann nach etwa 3–4 Minuten den Spargel dazugeben. Nach weiteren 3 Minuten die Maultaschenstücke mitbraten. Je nach Größe der Pfanne alles bei mittlerer Temperatur 5–8 Minuten weiterbraten. Schließlich Kaiserschoten, Frühlingszwiebeln und Romanesco dazugeben und 3–5 Minuten anbraten. Vorsichtig wenden. Kurz vor Ende die Petersilie dazugeben. Alles mit Salz und Pfeffer abschmecken.

ANRICHTEN

Entweder die Pfanne in die Mitte des Tisches stellen und jeder nimmt sich seine Portion. Oder auf Teller verteilen und mit etwas Petersilie garnieren.

LIEDER, GEDICHTE, KURIOSES

Die Größe einer Liebe zu einer Sache erkennt man daran, zu welchen sonderbaren, kreativen, bewegenden und abenteuerlichen Aktionen und Ideen sich Menschen hinreißen lassen. Ich behaupte mal: Kaum eine andere regionale Spezialität schafft es, Menschen zu solchen Projekten zu bewegen!

Maultaschen-Songs

Kultgerichte müssen besungen werden. Nicht wenige Liedermacher und Rapper ließen sich von den Teigtaschen zu eigenen Songs inspirieren, unter anderem Hänk Häberle, MC Mauldasch, Markus Zipperle, Mc Xsälzbrot, MC Bruddaal. Mal amüsant, mal ernst, mal hintersinnig. Zu finden, zu sehen und zu hören auf YouTube und anderen Kanälen. Kurzweilig.

Das kleinste Maultaschenbüchle

Markus Gann erzählt in diesem Büchlein in der Größe eines iPhones eine selbst erfundene Maultaschen-Erfindergeschichte. Die reizende Kurzgeschichte spielt in Stuttgart. Sie endet tragisch für den Klosterkoch. Zeile für Zeile und das am Ende beschriebene Familienrezept in »Der Tag, an dem ich die Maultaschen erfand und den Löffel abgab« sprühen vor Leidenschaft und Hingabe an die schwäbischen Herrgottsbscheißerle. Dazu noch diese herzerweichende Widmung auf der allerletzten Seite: »Für meine Mutter, die die besten Maultaschen macht«. Lesenswert.

Weltrekorde und Weltmeister

Welch eine Schande käme über das Schwabenländle, wenn einer der Weltrekorde im Maultaschengewerbe andernorts gehalten würde. Aber da lassen sich die Schwaben natürlich nicht die Butter vom Brot nehmen.

Der Weltrekord für die längste Maultasche der Welt wurde 2004 in Herrenberg bei Stuttgart aufgestellt: 1642 Meter. Er hat bis heute Bestand.
Der Schnellste in THE LÄND – wie sich Baden-Württemberg inzwischen international nennt – ist ein Metzger, der im Jahr 2000 immense 2500 Maultaschen in nur einer Stunde von Hand herstellte. Er schaffte es damit ins Guinnessbuch der Rekorde.

Maultaschen-Patent

Josef Stritzelberger war 30 Jahre lang Wirt des Gasthauses »Hasenwirt« in Uhlbach bei Bad Cannstatt. In die Geschichtsbücher hat er sich eingetragen durch die Erfindung der handgemachten »Handy-Maultasche«. Dafür gab es sogar ein Patent. Jahrelang hat er damit erfolgreich Tausende Genießer erreicht auf den Weindörfern in Stuttgart und Hamburg. Durchgesetzt hat sich die patente Idee für die »eine Maultasche enthaltende Verpackungseinheit« aus dem Jahr 1998 zwar nicht. Aber sie ist bis heute Vorbild für viele Maultaschen-Snacks »aus der Hand« (mehr ab Seite 104).

Maultaschen-Gin

Ein Sternekoch und ein experimentierfreudiger Brennmeister der Heckengäu-Brennerei aus Gechingen im Nordschwarzwald haben zusammen den weltweit ersten Maultaschen-Gin geschaffen. Neben Wacholder kommen tatsächlich auch Maultaschen in die Brennblase. Lecker.

Gedicht über die Maultasche

Ein literarisches Schmankerl des schwäbischen Mundart-Dichters Heinz-Eugen Schramm (1918–1998). Es stammt aus dem Jahr 1966, verfasst in Tübinger Mundart.

Hackfloisch, Zwieble, Peitschestecke,
Wassergwoichte Doppelwecke,
Peterleng, Spinat ond Brät,
Älles durch de Fleischwolf dräht,
Oier drüber, Salz ond Pfeffer,
Geit a Toigle, geit en Treffer,
Grad für d'Nudelböda g'richt;
Ond schao kriagt dui Sach a Gsicht!
Drufgschmiert, zuadeckt, toilt ond gschnitte.
Net lang gfackelt, maih ond ditte,
Nei end Brüah ond ufkocht gschwend!
Selber schuld, wer's Maul verbrennt!

MAULTASCHEN IN GAISBURGER MARSCH

Der Legende nach war dieses Gericht um 1910 herum die Spezialität in einer kleinen Gaststätte in Gaisburg, einem Stadtteil von Stuttgart. Der Eintopf mit Ochsenfleisch, Kartoffeln und Spätzle war auch bei den Offiziersanwärtern der Stuttgarter Bergkaserne beliebt. Da diese sich auf dem Weg zur Gaststätte an die vorgeschriebene Marschordnung halten mussten, entstand der Name »Gaisburger Marsch«. In meiner Familie heißt das Gericht seit jeher: »Kardoffelschnitz ond Spätzla«.
Wie auch immer: Kombiniert man dieses zeitlose Gericht aus Stuttgart mit der Maultasche, entsteht ein schwäbisches Meisterwerk.

ZUBEREITUNGSZEIT: 40 MINUTEN | KOCHZEIT TAFELSPITZ: 2 STUNDEN

FÜR 4 PERSONEN

Für die Brühe
5–7 schwarze Pfefferkörner
Salz
1 Gewürznelke
1 Lorbeerblatt
1 Bund Suppengrün
1 Zwiebel
400 g Kalbstafelspitz
frisch gemahlener schwarzer Pfeffer
frisch geriebene Muskatnuss
einige Stängel glatte Petersilie

Für die Spätzle
500 g Spätzlemehl
5 Eier
2 TL Salz

Für die Suppeneinlagen
400 g Kartoffeln
2 Karotten
4 Maultaschen
1 Zwiebel
1 EL Butter

ZUBEREITUNG

Für die Brühe Pfefferkörner, Salz, Gewürznelke und Lorbeerblatt in einem Topf mit etwa 2 l Wasser zum Kochen bringen. Suppengrün putzen und in grobe Stücke schneiden. Die Zwiebel zusammen mit Fleisch und Suppengrün in den Topf geben. Etwa 2 Stunden bei geschlossenem Deckel köcheln lassen, bis das Fleisch weich ist.
Während die Brühe köchelt, die Spätzle vorbereiten. Dafür das Mehl mit den Eiern mischen, Salz dazugeben. Unter Zugabe von lauwarmem Wasser (etwa 200–250 ml) zu einem glatten Teig kräftig verrühren, bis er Blasen wirft. Den Teig ein paar Minuten ruhen lassen und anschließend in kochendes Wasser pressen oder schaben. Die Temperatur verringern, bis das Wasser nicht mehr kocht, und warten, bis die Spätzle an die Oberfläche steigen. Dann sind sie fertig. Mit einem Schaumlöffel abschöpfen, abtropfen lassen und in eine Schüssel geben.
Die Kartoffeln für die Suppeneinlage schälen und in mundgerechte Würfel schneiden. Die Karotten waschen und in Scheiben schneiden. Die Maultaschen in Würfel schneiden. Die Zwiebel in Ringe schneiden und in etwas Butter goldbraun braten.
Das inzwischen fertig gegarte Fleisch aus der Brühe nehmen und in 2 × 2 cm große Würfel schneiden.
Die Brühe durch ein feines Sieb gießen und anschließend die Kartoffeln und Karotten darin in etwa 10 Minuten gar kochen. Dann die Maultaschen- und Fleischwürfel hinzugeben und weitere 8–10 Minuten simmern lassen, nicht kochen. Zuletzt die Spätzle in den Topf geben. Diese brauchen nicht mehr als 2 Minuten, bis sie noch mal heiß sind. Alles mit Salz, Pfeffer und Muskatnuss abschmecken.

ANRICHTEN

Mit einer großen Schöpfkelle Suppenteller befüllen – mit viel Einlagen, wenig Brühe. Es ist ein Eintopf, keine Suppe. Mit den gebratenen Zwiebelringen und gehackter Petersilie bestreuen.

STEINPILZE IN SAHNESAUCE MIT MAULTASCHEN

Gebratene Pilze in Sahnesauce gehören zu den Klassikern der deutschen Wirtshausküche. Diese moderne Kombination von herzhaften, nussigen Steinpilzen mit schwäbischen Maultaschen haucht dem traditionellen Pilzpfännle neues Leben ein.
Für diese Pilzpfanne eignen sich auch Pfifferlinge, Champignons oder Kräuterseitlinge – je nach Saison. Pilze sind aber nicht nur genussvoll, sie helfen auch, den winterlichen Vitamin-D-Mangel auszugleichen. So verbindet man in den sonnenarmen Monaten das Angenehme auch noch mit dem Nützlichen!

ZUBEREITUNGSZEIT: **35 MINUTEN**

FÜR 4 PERSONEN

400 g Steinpilze
2 mittelgroße Zwiebeln
2 Knoblauchzehen
½ Bund glatte Petersilie
6–8 Scheiben Frühstücksspeck
8 Maultaschen
Salz
2 EL Butter
2 EL Weizenmehl
100 ml Weißwein oder Gemüsebrühe
300 g süße Sahne
frisch gemahlener schwarzer Pfeffer

ZUBEREITUNG

Die Pilze mit einem feuchten Tuch oder einem Pinsel reinigen, nicht waschen. Unschöne Stellen ausschneiden. Dann die Pilze in grobe Scheiben und Stücke schneiden. Die Zwiebeln grob würfeln. Knoblauchzehen mit einem harten Gegenstand platt drücken. Petersilie waschen, Blätter abzupfen und grob hacken.
Die Speckscheiben in einer Pfanne ohne Fett langsam kross anbraten. Auf einem Küchenpapier abtropfen lassen und später in schmale Streifen schneiden.
Die Maultaschen in einem Topf mit gesalzenem Wasser bei mittlerer Temperatur 10–12 Minuten erwärmen. Nicht kochen.
Die Butter zu dem zurückgebliebenen Fett des Specks in der Pfanne geben. Darin die Zwiebeln zusammen mit dem Knoblauch glasig anschwitzen. Dann die Pilze hinzufügen und 4–5 Minuten kräftig anbraten. Das Mehl drüberstreuen und gut mit den Zwiebeln und Pilzen vermengen. Je nach Vorliebe mit Weißwein oder Gemüsebrühe ablöschen. Mit Sahne aufgießen und alles weitere 5 Minuten köcheln lassen. Kurz vor Schluss den Großteil der Petersilie hinzugeben. Mit Salz und Pfeffer abschmecken.

ANRICHTEN

Die Pilze auf vorgewärmten Tellern verteilen. Die heißen Maultaschen aus dem Topf nehmen, halbieren und auf oder neben den Pilzen platzieren. Mit dem Rest der Petersilie und den Speckstreifen garnieren.

ZWIEBELROSTBRATEN MIT SPÄTZLE, MAULTASCHE UND TROLLINGER-SAUCE

Ein klassischer schwäbischer Zwiebelrostbraten ist für sich genommen schon ein Festtagsschmaus. Ergänzt um ein Mauldäschle wird daraus ein unvergleichlicher Schwaben-Teller. Darüber scheint nur noch die Sonne.
Bei der Zubereitung von Zwiebelrostbraten scheitern viele immer wieder an der Sauce. Nicht ohne Grund: Das Rumpsteak, medium, gehört schließlich zu den Kurzgebratenen. Mit dem Bratensaft aus der Pfanne binnen wenigen Minuten eine wahrlich wohlschmeckende Weinsauce zu zaubern, wie viele Rezepte vortäuschen, ist fast unmöglich. Es wird meist nur ein »Sößle«, das dem Rest auf dem Teller nicht das Wasser reichen kann. Mein Vorschlag: mit der Sauce viel früher anfangen – oder diese am Vortag zubereiten.

ZUBEREITUNGSZEIT: 45 MINUTEN (OHNE TROLLINGER-SAUCE) | ZUBEREITUNG TROLLINGER-SAUCE: 2 STUNDEN

FÜR 4 PERSONEN (4 MAULTASCHEN)

Für die Trollinger-Sauce
400 g Schalotten
3 EL Butter
2 EL Zucker
350 ml Trollinger-Rotwein
250 ml Ochsenschwanzbouillon (siehe Seite 30)
1 Zweig Rosmarin
1 Zweig Thymian
Salz
frisch gemahlener schwarzer Pfeffer
1–2 EL Balsamico
1 EL Speisestärke

Für die Spätzle
250 g Spätzlemehl
3 Eier
1 TL Salz

Für die Röstzwiebeln
4 Zwiebeln
2–3 EL Butterschmalz
1 TL brauner Zucker
1–2 EL Balsamico
Salz

ZUBEREITUNG

Für die Trollinger-Sauce die Schalotten in kleine Teilchen schneiden. Die Butter in einer Pfanne erhitzen und die Schalotten darin bei mittlerer Temperatur anschwitzen. Den Zucker drübergeben, die Temperatur für ein paar Minuten erhöhen, bis die Schalotten leicht karamellisieren. Mit dem Trollinger ablöschen und aufkochen. Dann die Bouillon dazugeben und die Kräuterzweige. Nun die Sauce mit viel Geduld bei niedriger Temperatur einkochen.
Nach etwa 30 Minuten Rosmarin und Thymian herausnehmen.
Nach etwa 1 Stunde die Sauce durch ein feines Sieb passieren und in einem kleinen Topf bis auf etwa ein Drittel der Ausgangsmenge einkochen. Salzen, pfeffern und gegebenenfalls mit Balsamico abrunden. Die Speisestärke mit 3 EL Wasser verrühren. Nach und nach die Stärkemischung in die Sauce einrühren, bis die gewünschte sämige, dickflüssige Konsistenz erreicht ist. Dann den Topf sofort vom Herd nehmen.
Die Spätzle zubereiten (siehe Seite 78), den Teig jedoch mit nur 100–125 ml lauwarmem Wasser anrühren.
Für die Röstzwiebeln die Zwiebeln zunächst in grobe Ringe schneiden. In einer heißen Pfanne mit Butterschmalz anbraten. Sobald sie braun sind, Zucker und Balsamico dazugeben und weiterrösten, bis die Zwiebeln schön kross sind. Etwas salzen, herausnehmen und warm stellen.
Den Backofen auf 80 °C Ober-/Unterhitze vorheizen. Perfekter schwäbischer Zwiebelrostbraten ist außen kross und innen rosa – also medium gebraten. Dazu den Fettrand vom Fleisch alle 2 cm einschneiden, damit es sich beim Anbraten nicht wölbt. Mit Salz würzen und in der noch von den Zwiebeln heißen Pfanne von beiden Seiten maximal 2 Minuten scharf braten. Dann in Alufolie wickeln

Für den Rostbraten

4 Scheiben Roastbeef/Rumpsteak mit Fettrand (möglichst stark marmorierte Stücke; 3 cm dick; 180–200 g)
Salz
frisch gemahlener schwarzer Pfeffer

Für die Butterschmelze

80 g Butter
2 EL Semmelbrösel
¼ Bund Schnittlauch, in Röllchen geschnitten

und im Backofen etwa 10 Minuten ruhen lassen. Die Kerntemperatur sollte zwischen 55 und 60 °C erreichen.
Den Bratensatz aus der Pfanne in die Trollinger-Sauce geben und diese noch mal aufkochen.
Die Maultaschen in einem Topf mit gesalzenem Wasser 10–12 Minuten garen. Sie dürfen dabei nicht kochen.
Für die Butterschmelze die Butter in einem kleinen Topf kurz aufschäumen. Die Semmelbrösel dazugeben und nur ganz leicht anrösten. Dann rasch den Schnittlauch dazugeben und den Topf vom Herd nehmen.

TIPP

Dazu passen Kartoffelsalat und ein grüner Blattsalat sowie natürlich ein Glas oder zwei von einem feinen Trollinger!

MAULTASCHEN AUF KARTOFFELPÜREE MIT WEISSEN TRÜFFELN

Manchmal will man sich eben etwas ganz Besonderes gönnen. Bei diesem Gericht jubilieren sämtliche Geschmacksknospen, denn weiße Trüffel stehen nicht umsonst weltweit ganz weit oben in der Gunst von Feinschmeckern.
Dieses Gericht kann man natürlich auch mit schwarzen, deutlich günstigeren Sommertrüffeln zubereiten. Am allerbesten schmeckt es jedoch mit dem König der Trüffel: Weißer Trüffel aus dem Piemont verströmt einen unvergleichlichen intensiven Geruch nach Knoblauch, Schalotten und Weichkäse, wenn er roh mit einem Trüffelhobel in sehr feinen Scheiben über Speisen gerieben wird. Der seltene Pilz wird ab September bis Januar angeboten. Die Maultaschen sitzen auf einem himmlischen, leicht getrüffelten Kartoffelpüree mit viel Butter.

ZUBEREITUNGSZEIT: **40 MINUTEN** | ZUBEREITUNG TROLLINGER-SAUCE: **2 STUNDEN**

FÜR 4 PERSONEN

Trollinger-Sauce (siehe Seite 82)
600 g weichkochende Kartoffeln
Salz
200 ml Milch
200 g Süßrahmbutter
frisch geriebene Muskatnuss
Trüffelpulver oder getrockneter Trüffel aus der Mühle
8 Maultaschen
1 große Zwiebel
etwas Weizenmehl
100–150 ml Bratöl
8 Wachteleier
Butter zum Braten
1 frischer weißer Trüffel (mindestens 15 g)

TIPP

Auch Trüffelbutter oder Trüffelöl eignen sich prima zum Aromatisieren des Pürees. Setzt man die Maultaschen auf getrüffelten Kartoffelsalat anstatt auf Kartoffelpüree, wird das Ganze noch schwäbischer.

ZUBEREITUNG

Die Trollinger-Sauce nach dem Rezept auf Seite 82 zubereiten.
Die Kartoffeln schälen, waschen und in etwa gleich große Schnitze schneiden. In einen Topf geben und diesen mit Wasser füllen, bis die Kartoffeln bedeckt sind. 2 TL Salz dazugeben und die Kartoffeln in etwa 20 Minuten gar kochen. Dann das Wasser abschütten. Die Kartoffeln in dem noch warmen Topf mit warmer Milch übergießen und 125 g Butter dazugeben. Mit einem Kartoffelstampfer sanft zerquetschen. Wer das Püree gerne besonders sämig mag, nimmt einfach noch mehr Butter. Das Püree mit Salz, Muskatnuss und Trüffel abschmecken. Es soll mit dem Trüffel nur leicht aromatisiert werden.
Die Maultaschen in einem Topf mit gesalzenem Wasser 10–12 Minuten garen. Sie dürfen dabei nicht kochen.
Parallel dazu die Zwiebel in sehr dünne Ringe schneiden und im Mehl wenden. In einem kleinen Topf etwa 1 cm hoch Bratöl erhitzen und die Zwiebel darin in 5–6 Minuten goldbraun kross anbraten. Mit einem Schaumlöffel herausnehmen und auf Küchenpapier abtropfen lassen.
Zuletzt die Wachteleier in einer Pfanne mit etwas Butter als Spiegeleier anbraten. Leicht salzen.

ANRICHTEN

Auf den Tellern ein Bett aus Püree anrichten. Darauf je zwei Maultaschen platzieren. Die gebratenen Zwiebelringe großzügig über den Maultaschen verteilen und auf jeder Maultasche ein Wachtel-Spiegelei ablegen. Eine kleine Menge der heißen Sauce rings um das Püree herum angießen. Schnell servieren. Am Tisch den weißen Trüffel nach Belieben frisch über das Gericht hobeln.

Salate

Salatvariationen mit Maultaschen stehen für frisch, leicht, sportlich. Tatsächlich überzeugen die schwäbischen Täschle mit top Nährwerten, sie sind ausgewogen und vor allem kalorienarm. Bei den folgenden Rezepten kommen sie zum Einsatz im Zusammenspiel mit knackig frischen Blättern, Kräutern, Früchten, Gemüse und Nüssen. Für ein breites Spektrum an Aromen und Anlässen: als Vorspeise, Beilage oder Hauptgericht.

»MAULTASCHE« KANN MAN NICHT ÜBERSETZEN

Italienische Ravioli heißen weltweit Ravioli. Russische Pelmeni nennt man überall Pelmeni. Das gilt auch für chinesische Dim Sum. Warum also bezeichnen wir unsere urdeutsche Spezialität Maultasche im Ausland als German ravioli?

Wir Deutschen haben oft die Neigung, uns klein zu machen, zurückhaltend aufzutreten. Das hat viele Gründe und steht uns in der Regel gut zu Gesicht. Aber es gibt keinen Grund, unsere kulinarischen Errungenschaften im Ausland – oder ausländischen Besuchern gegenüber in Deutschland – mit fragwürdigen, irreführenden Begriffen zu umschreiben. Oder, wie im Fall der Maultasche, gar Begriffe anderer ausländischer Spezialitäten zu nutzen, um sie zu beschreiben.

Wir im Ausland

Auf der Weltausstellung EXPO 2015 in Mailand ging es um Lebensmittel und darum, wie wir die wachsende Weltbevölkerung künftig ernähren wollen. Auch Deutschland hatte in einem tollen Pavillon gute Ideen präsentiert. Im Restaurant gab es, zur Stärkung der überwiegend italienischen Besucher, Maultaschen. Doch anstatt ihnen unser Kulturgut selbstbewusst und authentisch vorzustellen, wurden diese wie folgt angeboten:
Auf Italienisch: *ravioli grande alla sveva*
Auf Englisch: *Swabian ravioli*

»Herr, schmeiß Hirn ra!«, hätte der große schwäbische Dichter Gerhard Raff dazu sicherlich ausgerufen. Warum, um Himmels willen, bezeichnen wir unsere süddeutsche, eigenständige, feinköstliche Delikatesse im Stammland der Ravioli als Ravioli?

Wir im Inland

Doch selbst im eigenen Stammland laufen wir in diese selbst gestellte Falle. Viele Restaurants mit internationalem Publikum gestalten ihre Speisekarten zwei- oder dreisprachig. Dabei kommt auch wenig Erhabenes heraus: *filled noodles, Swabian pirogies, Swabian dumplings filled with meat* und Ähnliches. Selbst auf dem größten und schönsten Fest der Schwaben, dem Cannstatter Volksfest, finden sich auf Speisekarten in den großen Bierzelten Übersetzungen wie *Swabian pockets* oder *big size ravioli*.

Maultaschen heißen Maultaschen – basta!

Also bitte. Rückgrat zeigen. Das markant eigenständige Wort Maultasche kann man nicht übersetzen. Und wir sollten aufhören, es zu versuchen! Auf den Speisekarten von Restaurants rund um den Globus stören wir uns doch auch nicht an Originalbegriffen wie Spaghetti bolognese, Roastbeef, Moussaka, Pizza oder Paella.

FERRERO

SCHWABEN-SALAT

Gerade Fitness- und Figurbewusste schätzen Salatteller »mit was drauf«. Beliebt sind dafür Putenbruststreifen, Garnelen, gebratener Lachs oder Filetspitzen. Oder eben Maultaschen – eine gelungene Abwechslung zu den immer gleichen Salattellern.
Dieser Schwaben-Salat mit klassischer Vinaigrette eignet sich hervorragend als leichtes Mittagsgericht oder als Vorspeise.

ZUBEREITUNGSZEIT: 25 MINUTEN

FÜR 4 PERSONEN (ALS HAUPTGERICHT)

3 EL Butter
6 Maultaschen
600 g gemischte Blattsalate
Gemüse nach Belieben (Tomaten, Gurken, Karotten, Frühlingszwiebeln ...)

Für die Vinaigrette
1 Schalotte
4 EL Weißweinessig
½ TL milder Senf
Salz
frisch gemahlener schwarzer Pfeffer
Zucker
8 EL Pflanzenöl
1 Bund frischer Schnittlauch

ZUBEREITUNG

Die Butter in einer Pfanne zum Schmelzen bringen. Die Maultaschen in fingerdicke Streifen schneiden und darin bei mittlerer Temperatur 8–10 Minuten rösten, zwischendurch wenden.
Währenddessen die Vinaigrette zubereiten: Schalotte fein würfeln. Mit einem Schneebesen Essig, Senf, Salz, Pfeffer, Zucker und die Schalottenwürfel in einer kleinen Schüssel verrühren. Erst wenn sich Zucker und Salz aufgelöst haben, das Öl langsam dazugeben und weiter umrühren. Etwa 10 Minuten ziehen lassen.
In der Zwischenzeit den Salat waschen und trockenschleudern. Den Schnittlauch waschen und in Röllchen schneiden und die Hälfte davon unter die Vinaigrette rühren.

ANRICHTEN

Die Salatblätter auf den Tellern verteilen. Nach Belieben mit frischem Gemüse ergänzen – was der Kühlschrank gerade hergibt oder worauf man Lust hat. Mit dem Dressing übergießen. Gebratene Maultaschen auf den angerichteten Salat legen. Mit dem Rest des Schnittlauchs garnieren. Sofort servieren.

LAUWARMER MAULTASCHENSALAT

Diese Zubereitung findet man in keinem Restaurant. Aber was heißt das schon? Lauwarmer Maultaschensalat war früher weitverbreitet im Schwabenland. Das schnelle, leckere Gericht ist etwas in Vergessenheit geraten. Zu Unrecht!
Abends kommen Freunde vorbei auf ein Glas Wein? Dieser lauwarme Leckerbissen ist die passende Begleitung. Mit der ausgefallenen Salatvariation könnt ihr eure Gäste überraschen. Die Röllchen der Winterzwiebel liefern das knackige Extra, denn sie schmecken deutlich intensiver als Zwiebeln oder Schnittlauch.

ZUBEREITUNGSZEIT: **20 MINUTEN**

FÜR 4 PERSONEN (ALS ZWISCHENMAHLZEIT)

4 Maultaschen
1–2 EL Butter zum Anbraten (optional)
1 rote Zwiebel
2–3 Winterzwiebeln
2 EL Sonnenblumenöl
1 EL Rotweinessig
Meersalz (Fleur de Sel)

ZUBEREITUNG

Es gibt zwei Varianten. Manche lieben es, die Maultaschen in einem Topf mit gesalzenem Wasser in 10–12 Minuten zu erhitzen und dann in Scheiben zu schneiden. Andere braten die in Scheiben geschnittenen Maultaschen lieber in der Pfanne in Butter 8–10 Minuten an. Die Maultaschenscheiben dann schön in Reih und Glied auf einer vorgewärmten Platte anrichten. Klein gehackte rohe Zwiebel darübergeben. Die Winterzwiebeln waschen, grob in Röllchen schneiden und darüber verteilen. Öl und Essig mischen und damit die Maultaschen übergießen. Vorsichtig dosieren, gegebenenfalls nicht alles aufbrauchen. Zum Schluss mit dem groben Meersalz würzen. Lauwarm servieren.

SAURER MAULTASCHENSALAT

Schwaben mögen's sauer. Saure Nieren. Saure Linsen. Saure Kutteln. Sauerkrautsuppe. Sauerbraten. Saurer Ochsenmaul- und Wurstsalat. Saure Kartoffelrädle und anderes mehr. In dieser illustren Gesellschaft und Tradition steht auch dieser kalte saure Maultaschensalat.
Ein rasend schnell zubereitetes, ausgefallenes und überdies sehr schmackhaftes »Vesper«.
So nennt man in Süddeutschland eine schnelle, kalte Zwischenmahlzeit.

ZUBEREITUNGSZEIT: **15 MINUTEN**

FÜR 4 PERSONEN (ALS ZWISCHENMAHLZEIT)

½ Kopf Eichblattsalat
½ Bund frischer Schnittlauch
2 mittelgroße rote Zwiebeln
4 mittelgroße Essiggurken (etwa 80 g)
6 Maultaschen
3 EL Rotweinessig
3 EL Sonnenblumenöl
3 EL Essiggurkenlake
Salz
frisch gemahlener schwarzer Pfeffer

ZUBEREITUNG

Den Eichblattsalat waschen und trockenschleudern. Den Schnittlauch waschen und in feine Röllchen schneiden. Zwiebeln in sehr dünne Ringe, Essiggurken in dünne Scheiben schneiden. Kalte Maultaschen in Streifen schneiden.
Essig, Öl und Gurkenlake mit der Hälfte des Schnittlauchs vermischen und mit Salz und Pfeffer abschmecken. In einer größeren Schüssel alles zusammen, bis auf die Salatblätter, vorsichtig vermischen. Sofern genug Zeit ist, im Kühlschrank durchziehen lassen.

ANRICHTEN

Die Teller mit den Salatblättern auslegen. Den Maultaschensalat darauf anrichten. Mit Schnittlauch garnieren. Zu diesem Vesper passt ideal frisches knuspriges Bauernbrot – mit oder ohne Butter.

TIPP

Im Zusammenspiel mit Bratkartoffeln wird daraus ein vollwertiges Mittag- oder Abendessen.

SALAT MIT REIFEN FRÜCHTEN UND GEBRATENEN MAULTASCHEN

Für die einen ist dieser Salat wie Pizza mit Ananas: »Geht gar nicht!« Andere verzehren sich danach. Vielleicht wegen der Granatäpfel? Denn diese sind ein Symbol für Leben, Fruchtbarkeit und Macht. Die aromatischen Kerne dieser Baumfrucht spielen eine wichtige Rolle im Gericht.
Die reifen, fruchtig frischen Früchte bringen den Sommer auf die Teller. Drei bis vier verschiedene Sorten reichen völlig aus. Man muss es nicht übertreiben mit der Vielfalt. Wichtiger ist, dass die Früchte wirklich reif sind und ihre vollen Aromen mit dem eher säuerlichen Granatapfelsaft aus dem Dressing zusammenspielen können.

ZUBEREITUNGSZEIT: **30 MINUTEN**

FÜR 4 PERSONEN (ALS HAUPTGERICHT)

1 Granatapfel
1 Bund Rucola (80–100 g)
100 g bunte Blattsalate
100 g Weintrauben
100 g Aprikosen
100 g Pfirsiche
100 g frische Feigen
100 g Cherrytomaten
8 Maultaschen
4 EL Butter

Für das Dressing
2–3 EL Granatapfelsaft (vom Granatapfel oben)
6 EL Olivenöl
2 EL Weißweinessig
Salz
frisch gemahlener schwarzer Pfeffer

ZUBEREITUNG

Den Granatapfel halbieren. Die eine Hälfte mit der Zitruspresse auspressen. Das ergibt 2–3 EL Saft für das Dressing. Von der anderen Hälfte die Kerne auslösen. Das funktioniert am besten in einer Schüssel mit Wasser: Die Kerne mit den Fingern herausbrechen und -drücken. Sie sinken ab, während die übrigen Bestandteile auf der Wasseroberfläche schwimmen. Wasser abschütten, übrig bleiben die Kerne. Diese kurz unter fließendem Wasser abspülen.
Rucola und Blattsalate waschen, trockenschleudern und in gabelgerechte Größe zerrupfen. In eine große Schüssel geben.
Früchte und Tomaten waschen. Weintrauben halbieren. Aprikosen, Pfirsiche und Feigen vierteln: Erwischt man große Früchte, diese nochmals teilen. Alles zusammen in die Salatschüssel geben.
Die Zutaten für das Dressing mit dem Schneebesen kräftig verrühren. Über den Salat geben, diesen vorsichtig mischen und abschmecken. Er darf nun ein paar Minuten ziehen, bis die Maultaschen fertig sind.
Die Maultaschen vierteln und in einer Pfanne mit der Butter bei mittlerer Temperatur in 6–8 Minuten ringsum goldbraun anbraten.

ANRICHTEN

Den Salat auf großen Tellern anrichten. Zwei Maultaschenstücke als Gipfel auf dem Salat platzieren, die übrigen Stücke ringsherum verteilen. Mit den Granatapfelkernen toppen

TIPP

Frische Feigen kann man auch durch getrocknete ersetzen. Weitere Früchte, die gut dazu passen, sind Heidelbeeren, Kirschen, Erdbeeren und getrocknete Datteln.

ACKERSALAT MIT GEBRATENEN PILZEN, MAULTASCHEN UND KRACHERLE

In den Wintermonaten braucht es Abwechslung auf dem »Ackersalat«, wie der gewöhnliche Feldsalat im Schwabenland genannt wird. Dieser Salatteller gleicht einem Festival aus Vitaminen, Geschmack, Biss und Aromen.
Auf dem Salat mit süßsaurem Honig-Senf-Dressing treffen sich drei Freunde: braune Steinchampignons, die aromatischsten und schmackhaftesten aller Champignons, eine schwäbische Maultasche sowie Kracherle – also Croûtons.
Mit Kracherle, gebratenen Würfelchen aus Weißbrot, verfeinern und ergänzen Schwaben das ganze Jahr hindurch ihre Suppen und Salate. Den Geschmack der kleinen krossen Zutat kann man je nach Geschmack und Vorliebe variieren – mit oder ohne Knoblauch und Kräutern. Das ursprüngliche, typische Aroma ist das reine, pure Butteraroma, das durch das Ausbacken entsteht.

ZUBEREITUNGSZEIT: **30 MINUTEN**

FÜR 4 PERSONEN (ALS HAUPTGERICHT)

200 g Ackersalat
200 g Steinchampignons
4 Maultaschen
4 EL Butter
Salz
Radieschen zum Garnieren (optional)

Für das Dressing
5 EL Sonnenblumenöl
3 EL Weißweinessig
1 TL milder Senf
1 EL Honig
Salz
frisch gemahlener schwarzer Pfeffer

Für die Kracherle
4 Scheiben Kastenweißbrot (etwa 1 cm dick)
2 EL Butter
Salz
1 frische Knoblauchzehe

ZUBEREITUNG

Den Salat putzen, gegebenenfalls Wurzeln wegschneiden, von welken Blättern befreien. Waschen, abtropfen lassen oder vorsichtig trockenschleudern. Die Pilze mit einem feuchten Tuch oder einem Pinsel reinigen, nicht waschen.
Die Zutaten für das Dressing mit dem Schneebesen kräftig verrühren, dabei ergibt sich eine weiche Emulsion.
Für die Kracherle von den Brotscheiben den Rand abschneiden. Das Brot in 1 × 1 cm große Würfel schneiden. In einer Pfanne die Butter schmelzen, die Brotwürfel darin anbraten und mit etwas Salz und der durchgepressten Knoblauchzehe würzen. Von allen Seiten goldgelb braten.
Die Maultaschen in Würfel schneiden. In einer Pfanne in 2 EL Butter bei mittlerer Temperatur etwa 6–8 Minuten rundherum anbraten.
Parallel dazu die Pilze in einer zweiten Pfanne ohne Fett kurz und kräftig anbraten. Erst ganz zum Schluss 2 EL Butter hinzugeben und die Pilze kurz darin schwenken. Dann vom Herd nehmen und leicht salzen. Die Pilze möglichst schnell über den Salat geben, damit ihre Knusprigkeit nicht verloren geht.

ANRICHTEN

Den Feldsalat mit dem Dressing in einer großen Schüssel schwenken, dann auf den Tellern anrichten. Auf und um den Salat herum die Maultaschenwürfel und Pilze verteilen. Darüber großzügig die Kracherle geben. Falls zur Hand, mit in feine Streifen geschnittenen Radieschen garnieren.

TIPP

Dieses Gericht lässt sich genauso gut mit anderen Pilzsorten wie Pfifferlingen, Stockschwämmchen oder Shiitakes zubereiten. Soll es ein Mittag- oder Abendessen sein, nimmt man zwei Maultaschen pro Person. Ackersalat kann man je nach Saison durch andere Blattsalate ersetzen.

MAULTASCHEN MIT BUNTEM LINSENSALAT AUF ROTE-BETE-CARPACCIO

Abends kommen Gäste, aber man hat keine Zeit, vorher noch aufwendig zu kochen? Rote Bete und die Linsen lassen sich bequem am Vortag oder mittags vorbereiten. Wenn die Gäste kommen, braucht man nur noch kurz die Maultaschen anzubraten und erntet dennoch hochachtungsvolle und zufriedene Gesichter.
Hat man jedoch die Zeit zur Vorbereitung, kann man diesen Salat auch lauwarm servieren. Die Roten Beten bringen ein wundervolles erdiges Aroma mit und verleihen diesem Teller in Verbindung mit der Säure aus dem farbenfrohen Linsensalat eine besondere Note.

ZUBEREITUNGSZEIT: **45 MINUTEN** | GARZEIT: **ETWA 1 STUNDE**

FÜR 4 PERSONEN (ALS HAUPTGERICHT)

2 mittelgroße Rote Beten
1 mittelgroße Karotte
1 rote Zwiebel
2 Frühlingszwiebeln
½ Bund glatte Petersilie
200 g (gemischte) Linsen
600–700 ml Gemüsebrühe (siehe Seite 161)
1 Knoblauchzehe
6–8 EL Apfelessig
Salz
frisch gemahlener schwarzer Pfeffer
4 Maultaschen
2 EL Butter

TIPP

Im Supermarkt gibt es vorgegarte Rote Bete zu kaufen. Das spart eine Menge Zeit bei diesem Salat.

ZUBEREITUNG

Die Roten Beten mit Wurzeln und Schale in kochendem Wasser in 30–40 Minuten garen. Mit kaltem Wasser abschrecken. Wenn sie lauwarm sind, schälen und mit einem Gemüsehobel oder einem scharfen Messer in möglichst dünne Scheiben schneiden. Auf Küchenpapier ablegen, das den austretenden roten Gemüsesaft aufnimmt.
Während die Roten Beten garen, die Karotte schälen, dann mit einem Zestenschneider oder Messer in feine Streifen schneiden. Die Zwiebel halbieren und in dünne Scheiben schneiden. Frühlingszwiebeln waschen und in schmale Röllchen schneiden. Die Petersilie waschen, die Blätter abzupfen und fein hacken.
Die Linsen waschen, dann in der Gemüsebrühe mit der gepressten Knoblauchzehe garen – je nach Sorte 10, 20 oder 30 Minuten. Verwendet man verschiedene Linsen, was die Farbenvielfalt unterstreicht, die einzelnen Sorten entsprechend ihrem Garpunkt später zufügen. In den letzten 5 Minuten die Karotte, die Zwiebel, die Frühlingszwiebeln und etwa drei Viertel der Petersilie dazugeben. Linsen und Gemüse sollen noch Biss haben. Daher rechtzeitig in ein Sieb abgießen und unter kaltem Wasser abschrecken. Abtropfen und abkühlen lassen.
In eine Schüssel geben, mit Essig, Salz und Pfeffer abschmecken, dabei vorsichtig mischen.
Die Maultaschen diagonal halbieren und in einer Pfanne mit der Butter bei mittlerer Temperatur 8–10 Minuten rundherum anbraten.

ANRICHTEN

Auf flachen Tellern die Rote Bete in Carpaccio-Manier auslegen und darauf den – lauwarmen oder kalten – Linsensalat verteilen. Darauf die gebratenen Maultaschen anrichten und mit Petersilie garnieren.

MAULTASCHEN AUF MANGO-FENCHEL-SALAT

Der Fenchel war im Jahr 2009 die Arzneipflanze des Jahres. Ein offenbar wirkungsvolles Gemüse – und gleichsam so eigenständig lecker. Er harmonisiert in diesem Gericht mit der fülligen, fruchtigen Süße der Mango und der süßsauren Note der Granatapfelkerne.
Dieser frischen Geschmackskombination stünde eine scharfe Zwiebel im Wege. Daher passt optimal die milde, ja fast süßliche rote Zwiebel aus dem kalabrischen Tropea perfekt dazu. Großes Sommerkino.

ZUBEREITUNGSZEIT: 30 MINUTEN

FÜR 4 PERSONEN (ALS HAUPTGERICHT)

2 reife Mangos
2 Fenchelknollen
1 rote Tropea-Zwiebel
2 EL Balsamico
4 EL Rapsöl
Meersalz (Fleur de Sel)
frisch gemahlener schwarzer Pfeffer
100 g Granatapfelkerne
120 g Haselnusskerne
4 Maultaschen
2 EL Butter

ZUBEREITUNG

Die Mangos schälen, das Fruchtfleisch in dünne Streifen schneiden. Sie sollten nicht dicker als 5 mm und nicht länger als 6–7 cm sein, damit es ein gabelgerechtes Gericht wird. Das Fenchelgrün waschen und zerrupfen. Die Knollen vierteln und den Strunk entfernen. Dann den Fenchel in Streifen schneiden in der Größe der Mangostreifen. Die Zwiebel halbieren und fein schneiden.
Für das Dressing Balsamico, Öl, Salz und Pfeffer mischen. Die Hälfte der Granatapfelkerne auspressen und den gewonnenen Saft zum Dressing geben.
Die Nüsse zerkleinern und in einer Pfanne ohne Fett bei mittlerer Temperatur rösten. Zur Seite stellen.
Die Maultaschen in einer Pfanne mit der Butter bei mittlerer Temperatur 8–10 Minuten anbraten. Mehrmals wenden.

ANRICHTEN

Zunächst die Mangostreifen auf dem Teller anrichten. Die Fenchelstreifen und die fein geschnittenen Zwiebeln mit dem Dressing mischen und über der Mango verteilen. Die Maultaschen darauf anrichten und mit den Nüssen und den restlichen Granatapfelkernen bestreuen. Zuletzt mit dem Fenchelgrün garnieren und mit Meersalz würzen.

Auf die Hand

Ein Stuttgarter Gastronom hatte vor vielen Jahren Gebrauchsmusterschutz eintragen lassen für seine »Handy-Maultasche«. Eine Maultasche to go in der Tüte. Sie haben sich prächtig verkauft an seinem Stand auf den Weindörfern in Stuttgart, Hamburg und Berlin. Die Lust auf Maultaschen aus der Hand war demnach immer schon vorhanden. Mit den folgenden Rezepten kann man dieser Lust an Fingerfood variantenreich nachgehen.

ORIGINAL SCHWÄBISCHE MAULTASCHEN? NUR MIT G. G. A.!

Da beißt die Maus keinen Faden ab – eine »original schwäbische Maultasche« darf nur so heißen, wenn sie aus Schwaben kommt und das begehrliche Siegel »g. g. A.« der EU trägt. Das haben die Europäer im Jahr 2009 so verfügt.

Dieses gelb-blaue Siegel steht für »geschützte geografische Angabe«. Es dokumentiert eine Verbindung der landwirtschaftlichen Erzeugnisse und Lebensmittel mit dem Herkunftsgebiet und gibt im Geschäftsverkehr dem Käufer und Verbraucher einen Hinweis darauf, in welcher Gegend die Ware hergestellt oder verarbeitet wurde. Darauf können sich Verbraucher beim Einkauf verlassen.

Region Schwaben klar eingegrenzt

Für das Leibgericht der Schwaben wurde das geografische Gebiet »Schwaben« so definiert: Baden-Württemberg sowie der gesamte Regierungsbezirk Schwaben des Freistaates Bayern. Neben dem Herkunftsort wurden in dem Beschluss der EU weitere Qualitätskriterien für original schwäbische Maultaschen festgeschrieben. Diese reichen von durchschnittlicher Größe und Gewicht bis hin zu Form, Farbe, erlaubten Zutaten und Fleischgehalt. Danach müssen Maultaschen 55–100 mm lang sein, 50–90 mm breit und 15–25 mm hoch. Quadratische Herrgottsbscheißerle sind damit ausgegrenzt. Beim Gewicht ist alles zwischen 40 und 150 g erlaubt.
Das Siegel verspricht ferner, dass mindestens eine der Produktionsstufen – Erzeugung, Verarbeitung oder Herstellung – in Schwaben stattfinden muss.

In guter Gesellschaft

Geografische Herkunftsangaben sind durch Regelungen im Markengesetz geschützt. In Deutschland sind es gerade mal etwa 120 Produkte bzw. Produktkategorien, die dieses Schutzsiegel tragen dürfen. Die schwäbischen Küchengöttinnen sind also in guter, exklusiver Gesellschaft.

Das beliebteste schwäbische Gericht

Im Antrag an die EU von 2009 steht schwarz auf weiß: »Die schwäbische Maultasche ist eine schwäbische Spezialität mit jahrhundertealter Tradition, die beim Verbraucher ein hohes Ansehen genießt. Kein schwäbisches Gericht ist so beliebt und weit über die Grenzen von Schwaben (Baden-Württemberg sowie der Regierungsbezirk Schwaben des Freistaates Bayern) als Spezialität bekannt wie die schwäbische Maultasche. Sie wird oft mit den bekannten Persönlichkeiten und den bedeutenden Erfindungen des Landes genannt.
Neben der traditionellen Fastenspeise zu Gründonnerstag sind die Maultaschen in Schwaben indessen zu einem sehr beliebten ganzjährigen Gericht geworden. Maultaschen finden ihre Erwähnung in der schwäbischen Literatur sowie in zahlreichen Festen und Bräuchen Schwabens.
Die schwäbische Literatur ist reich an Gedichten und Geschichten rund um die Maultasche. Der schwäbische Schriftsteller Thaddäus Troll verglich augenzwinkernd sogar die Identität der Schwaben selbst mit einer Maultasche.«
Stimmt alles! Kein Wunder also, dass der Wunsch der Schwaben nach dem Siegel in Brüssel durchgewunken wurde.

MOUTHFEEL
HOW TEXTURE MAKES TASTE
Ole G. Mouritsen and Klavs Styrbæk
MOUTHFEEL
MAULTASCHEN
DIE SCHWABEN ZWISCHEN MYTHOS & MARKE

SCHWABEN-BURGER MIT LAUGENWECKLE

Mein Schwaben-Burger unterscheidet sich substanziell von meinem Mega-Maultaschen-Burger (siehe Seite 110). Am sichtbarsten ist das am Brötchen. Kein American Burger Bun, sondern ein urschwäbisches Laugenweckle kommt hier zum Einsatz.
Zweiter wesentlicher Unterschied: Wir verwenden keinen grünen Salat, sondern jungen, frischen Blattspinat: Dieser korrespondiert herrlich mit dem Spinat in unseren Maultaschen. Man sieht: Dieser Burger ist durch und durch »superschwäbisch«.

ZUBEREITUNGSZEIT: 20 MINUTEN

FÜR 4 PERSONEN

4 Maultaschen
Salz
4 Laugenbrötchen
Ketchup
Mayonnaise
einige Blätter Babyspinat
1 milde Gemüsezwiebel, in Ringe geschnitten
4 Scheiben Allgäuer Bergkäse (optional)
1–2 Tomaten, in Scheiben geschnitten
1 Salatgurke, in Scheiben geschnitten

ZUBEREITUNG

Hier kommt der Clou bei diesem Burger: Die Maultasche wird nicht in Streifen geschnitten, nicht gegrillt oder gebraten, sondern als Ganzes in gesalzenem Wasser 10–12 Minuten erhitzt. Sie ist dadurch innen überaus saftig und locker.
Die Laugenbrötchen sollten frisch und knusprig sein, ansonsten im Ofen leicht anwärmen und auffrischen.

ANRICHTEN

Unteren Teil der Brötchen mit Ketchup bestreichen. Den oberen Teil mit Mayonnaise. Dann beginnt das Aufstapeln mit Spinatblättern, dann Zwiebelringen. Die Maultasche aus dem warmen Wasser nehmen, gut abtropfen lassen und auf das Brötchen legen. Cheeseburger-Fans legen jetzt ihre Scheibe Käse auf die heiße Maultasche – der Käse schmilzt dann etwas. Noch mal Spinatblätter, dann dünne Tomaten- und Gurkenscheiben. Deckel drauf.

TIPP

Dazu passen klassische Pommes frites.

MEGA-MAULTASCHEN-BURGER

Ein bulliger, bäriger Burger! Für die Liebhaber von überragenden und überladenen Burgern, bei denen man sich hinterher die Finger leckt.
Wie man ein Hackfleischpatty anbrät, steht außer Frage. Bei Maultaschen hingegen muss man eine Entscheidung treffen: am Stück anbraten oder in Scheiben schneiden? Oder lieber längs halbieren? Für das kompakte Aufstapeln des Burgers eignen sich die zwei flachen Hälften etwas besser, daher spricht einiges für längs halbierte, angebratene Maultaschenhälften.

ZUBEREITUNGSZEIT: 30 MINUTEN

FÜR 4 PERSONEN

Für die Süßkartoffel-Wedges
800 g Süßkartoffeln
1 Knoblauchzehe
3 EL Olivenöl
2 TL Paprikapulver
etwas Chilipulver
Salz
frisch gemahlener schwarzer Pfeffer

Für den Burger
4 Maultaschen
1–2 EL Butter (optional)
6–8 dünne Scheiben Speck
1 milde Gemüsezwiebel, in grobe Ringe geschnitten
4 Burger Buns (Durchmesser 10–11 cm)
BBQ-Sauce
einige Blätter Blattsalat
1 Handvoll Rucola
4 Scheiben Allgäuer Bergkäse (optional)
4 mittelgroße Gewürzgurken, in Scheiben geschnitten
1 große Tomate, in Scheiben geschnitten

ZUBEREITUNG

Den Backofen auf 200 °C Ober-/Unterhitze vorheizen.
Mit den Wedges starten: Die Süßkartoffeln gründlich waschen, je nach Größe halbieren und achteln, sodass etwa gleich große Stücke entstehen. Durchgepressten Knoblauch mit dem Öl und den Gewürzen verrühren und die Kartoffeln damit einreiben. Auf einem mit Backpapier belegten Blech verteilen und im Ofen etwa 25 Minuten backen. Mindestens einmal wenden.
Währenddessen den Burger vorbereiten: Die Maultaschen anbraten oder grillen? Beides geht. Beim Anrösten auf einem offenen Grill darauf achten, dass die Mauldäschla nicht zu lange über der Glut verharren, weil sie schnell austrocknen können. Für sanftes Anbraten in der Pfanne etwas Butter verwenden.
Den Speck in einer Pfanne langsam kross anbraten. Herausnehmen und auf Küchenpapier abtropfen lassen. In dieser Pfanne die Zwiebelringe mit dem zurückgebliebenen Fett rösten.
Die Burger Buns im Ofen leicht anwärmen, bis sie crunchy sind (oder kurz auf den Grill legen).

ANRICHTEN

Oberen und unteren Teil des Brötchens mit BBQ-Sauce bestreichen. Dann beginnt das Aufstapeln mit Blattsalat, Rucola und Maultaschen. Wer Cheeseburger bevorzugt, legt jetzt eine Scheibe Käse dazu. Schließlich noch Gewürzgurken und nochmals Rucolablätter. Darüber Tomatenscheiben, dann den gebratenen Speck verteilen sowie die gerösteten Zwiebelringe. Deckel drauf. Schnell servieren.

TIPP

Bei diesem Burger gilt die Regel: Viel schmeckt viel! Also nicht zimperlich sein beim Aufstapeln! Zu den Wedges passen klassisch Ketchup und Mayo.

SCHWABEN-CURRY

Eine Maultasche als »Currywurst« zubereiten – das ist wahrscheinlich das schnellste Maultaschengericht der Welt. Das ganz andere an der Curry-Maultasche: Man isst sie ohne Weckle, also ohne Brötchen. Denn Brötchen sind ja schon in der Füllung verarbeitet.
Überhaupt ist die Maultasche natürlich geschmacklich auf einem anderen Niveau. Während die klassische Brühwurst ohne Haut quasi nur aus Wurstbrät besteht, ist die schwäbische Teigtasche reich an Geschmacksträgern und Aromen.
Die Currywurst wurde in Berlin erfunden – sagen die einen. Die anderen behaupten, die erste »Curry« der Welt wurde in Hamburg über einen Tresen gereicht. Wie auch immer: Unzweifelhaft kommt die Schwaben-Curry aus dem Schwabenland.

ZUBEREITUNGSZEIT: CA. 10 MINUTEN

FÜR 4 PERSONEN

2 EL Butter
4 Maultaschen
Ketchup
Currypulver

ZUBEREITUNG

Die Butter in einer Pfanne zum Schmelzen bringen. Die Maultaschen in fingerdicke Streifen schneiden und in der Butter bei mittlerer Temperatur 8–10 Minuten rösten, zwischendurch wenden.

ANRICHTEN

Die Scheiben in Reih und Glied auf einem Tellerchen anordnen, Ketchup und Curry nach Belieben drübergeben. Diesen Snack für zwischendurch isst man mit einem Holzpikser. Nicht mit Messer und Gabel. Stilbruch!

TIPP

Wie an der Imbissbude: Zur Curry gehört ein Flaschenbier. Mein persönlicher Liebling: Wulle – das Stuttgarter Kultbier in der Stubbiflasche.

FRITTIERTE MAULTASCHEN-STICKS

Gerade in der asiatischen Küche werden Teigtaschen frittiert. Das bietet sich an, denn Fett ist bekanntlich ein überzeugender Geschmacksträger. Zudem sind die asiatischen Verwandten rundum mit Teig verhüllt – die Füllung hat keinen direkten Kontakt zum Frittierfett. Mit einem einfachen Kniff überzeugen auch diese frittierten Maultaschen-Sticks.Insbesondere frische Maultaschen bringen eine gewisse Feuchtigkeit mit. Um diese zu erhalten, werden die Sticks zum Frittieren paniert. Die Panade umschließt die Maultaschenscheiben. Außen entsteht eine geschmackvolle knackige Hülle, innen frohlockt die schwäbische Handgewickelte. Ob Imbiss, Vorspeise oder Hauptspeise – diese Sticks haben die nötige Streetfood-Credibility.

ZUBEREITUNGSZEIT: CA. 45 MINUTEN

FÜR 4 PERSONEN (ALS VORSPEISE), 24 STICKS

Für den Spinat-Feta-Dip
50 g Blattspinat
50 g Feta
100 g Frischkäse
1 EL Olivenöl
1 TL Zitronensaft
1 Knoblauchzehe, durchgepresst
Salz
frisch gemahlener schwarzer Pfeffer

Für den Avocado-Dip
Fruchtfleisch von 1 Avocado
1 EL Olivenöl
1 TL Zitronensaft
1 Knoblauchzehe, durchgepresst
Salz
frisch gemahlener schwarzer Pfeffer

Für die Sweet-Chili-Mayo
120 g Mayonnaise
1 EL Sriracha-Sauce oder Sambal Oelek
1 EL Sweet-Thai-Chili-Sauce
1 Knoblauchzehe, durchgepresst
Salz
frisch gemahlener schwarzer Pfeffer

ZUBEREITUNG

Für die Dips jeweils alle Zutaten zusammen in einen hohen Rührbecher geben, pürieren und nach Belieben mit Salz und Pfeffer abschmecken.

Für die Sticks die Maultaschen in etwa 2 cm dicke Streifen schneiden. Die Eier verquirlen und mit Salz und Pfeffer würzen.

Ei-Mischung, Mehl und Paniermehl jeweils in einen flachen Teller geben.

Die Maultaschenstreifen erst im Mehl, anschließend im Ei und dann im Paniermehl wälzen, bis alles bedeckt ist. Für extrakrosse Sticks danach noch mal ins Ei und ins Paniermehl geben.

Tipp: Beim Panieren die Sticks mit der einen Hand nur in dem Ei wälzen, mit der anderen Hand nur in den trockenen Bestandteilen der »Panierstraße«. So bleibt es eine saubere Sache.

Das Frittierfett in einer Pfanne erhitzen. Sie sollte so groß gewählt werden, dass das Fett darin mindestens 2 cm hoch steht.

Mit einem Holzstäbchen kann getestet werden, ob das Öl bereits die richtige Temperatur hat. Hält man das Stäbchen in das Öl und es bilden sich kleine, aufsteigende Bläschen daran, können die Sticks hineingegeben und so lange unter Wenden frittiert werden, bis sie von allen Seiten goldbraun sind. Mindestens 3 Minuten bei mittlerer Temperatur fertig garen.

TIPP

Soll es eine Hauptspeise sein, passt dazu eine große bunte Salatschüssel voll mit frischen, knackigen Zutaten. Die frittierten Sticks als Topping drübergeben und mit frischem Zitronensaft beträufeln.

Für die Sticks
6 Maultaschen
3 Eier
Salz
frisch gemahlener schwarzer Pfeffer
100 g Weizenmehl
150 g Panko (japanisches Paniermehl)
300–400 ml Frittierfett

ANRICHTEN

Die Sticks aus der Pfanne nehmen, auf Küchenpapier etwas abtropfen lassen. Dann rasch in einer vorgewärmten Schüssel auf den Tisch bringen. Jeder nimmt sich seine Lieblingsdips auf seinen Teller. Die Sticks mit den Fingern greifen, dippen, genießen.

MAULTASCHEN-WRAPS

To wrap heißt einwickeln auf Englisch. In der mittelamerikanischen Tex-Mex-Kultur werden Snacks in Tortilla-Fladen gewickelt. Seit den 1990er-Jahren erobern diese auch die Fingerfood-Szene in Europa. Zu Recht. Unser Wrap ist superschnell gemacht und dennoch ein echter Gaumenschmaus. Egal ob als Amuse-Gueule, für ein Picknick, als kleine Vorspeise oder leckerer Hauptgang.
Das Schöne an diesem Essen aus der Hand: Man kann die Wraps mit frischen Zutaten nach persönlichem Geschmack befüllen. Ob Fetakäse, Avocado, Salat, Spinat, Paprika, Tomaten, Peperoni, Mais oder auch Couscous: Alles, was zur Maultasche passt, ist in der Mais- oder Weizentortilla herzlich willkommen. Ein Essen perfekt für Jung und Alt. Frei nach dem Motto: Alles kann, nichts muss.

ZUBEREITUNGSZEIT: 15 MINUTEN

FÜR 4 PERSONEN

4 Tortilla-Wraps (ca. 20 cm Durchmesser)
3 Maultaschen
1–2 EL Butter
1 Tomate
1 Salatgurke
50 g Kaiserschoten
2 Frühlingszwiebeln
1 Handvoll Rucola
etwas glatte Petersilie
etwas Schnittlauch
150 g Schmand
Salz
einige rosa Pfefferbeeren

ZUBEREITUNG

Die Tortillas im Backofen erwärmen. Maultaschen in Scheiben schneiden. Die Butter in einer Pfanne erhitzen und die Maultaschen darin bei mittlerer Temperatur 8–10 Minuten anbraten, bis sie goldbraun sind.
Tomate, Gurke, Kaiserschoten, Frühlingszwiebeln, Rucola, Petersilie und Schnittlauch waschen und klein schneiden.
Den Schmand mit dem Schnittlauch vermengen und mit Salz abschmecken.

ANRICHTEN

Die Wraps mit dem Schmand bestreichen. Die Maultaschenstücke und die übrigen Zutaten auf den Wraps verteilen, sodass nur drei Viertel der Fläche bedeckt sind. Mit rosa Pfefferbeeren und etwas Salz würzen. Offene Wrap-Wickelung: Die Ecke des Fladens, auf der keine Füllung liegt, über die Füllung klappen. Dann die langen Seiten von links und von rechts nacheinander über die Füllung klappen. Den so gewickelten Wrap bloß nicht mit Messer und Gabel essen! In die Hand nehmen und reinbeißen!

TIPP

Junge Kaiserschoten (auch als Zuckerschoten oder Zuckererbsen angeboten) kann man roh und mit Schale essen. Ein wundervoll knackiges, frisches Gemüse in so einem Wrap.

SCHWÄBISCHER HEISSER HUND

In Deutschland werden für Hotdogs typischerweise warme Brühwürste verwendet. Im Gegensatz dazu bevorzugen Amerikaner gegrillte Würstchen. Und das schon seit 1869, als der deutschstämmige Charles Feltman in New York den Hotdog in seiner heutigen Form erfand. Seinem Original folgend werden auch im schwäbischen Hotdog die Maultaschenscheiben angebraten.
Zusammen mit den gebratenen Zwiebeln kommt dadurch so richtig viel Crunch und Geschmack zwischen Senf und Ketchup. Die in Mehl getauchten und selbst gebrutzelten Zwiebeln sind dabei den getrockneten Zwiebeln aus dem Supermarkt meilenweit überlegen. Wenn sie perfekt gelingen, sind sie außen kross und innen noch etwas weich und dadurch überragend schmackhaft. Pro Person sollte man mindestens zwei heiße Hunde kalkulieren.

ZUBEREITUNGSZEIT: 20 MINUTEN

FÜR 8 PERSONEN

4–5 Essiggurken
2 mittelgroße Zwiebeln
Weizenmehl
Paprikapulver
100–150 ml Bratöl
6 Maultaschen
3 EL Butter
8 weiche Hotdog-Brötchen
Senf
Ketchup

ZUBEREITUNG

Die Essiggurken in dünne, lange Streifen schneiden. Die Zwiebeln in 2 mm dünne Ringe schneiden. Mit Mehl und etwas Paprikapulver bestauben.
Etwa 1–2 cm hoch Bratöl in einem kleinen Topf erhitzen und die Zwiebeln darin knusprig ausbacken. Mit einem Schaumlöffel herausnehmen und auf Küchenpapier abtropfen lassen.
Währenddessen die Maultaschen in dünne Scheiben schneiden.
In einer Pfanne mit der Butter bei mittlerer Temperatur auf beiden Seiten anbraten.
Die Brötchen längs aufschneiden, aber nicht ganz durchtrennen.
Im Backofen wenige Minuten aufwärmen.

ANRICHTEN

Eine Seite der Brötchen mit Senf, die andere mit Ketchup bestreichen. Die Brötchen mit den Gurken, Maultaschen und zuletzt den Zwiebeln befüllen.

MAULTASCHEN-POMMES

Echt jetzt? Echt jetzt! Aber aufgepasst – diese Pommes sind keine Beilage zu Burger oder Currywurst wie Fritten aus Kartoffeln. Maultaschen-Pommes eignen sich vielmehr hervorragend als eigenständiger Zwischendurch-Snack. Auch passend: als Bereicherung eines Brunch-Büfetts am Wochenende mit Freunden.
Man bekommt die Maultaschen mit wenig Fett im Ofen erstaunlich knusprig. Mein Vorschlag: auf einem Backblech gleich zwei Varianten machen – das sorgt für Abwechslung.

ZUBEREITUNGSZEIT: 45 MINUTEN

FÜR 4 PERSONEN (ALS BEILAGE)

6 Maultaschen
2 EL Bratöl
1 TL edelsüßes Paprikapulver
Salz (optional)

ZUBEREITUNG

Den Backofen auf 200 °C Ober-/Unterhitze vorheizen.
In einem kleinen Schälchen das Öl mit dem Paprikapulver gut verrühren. Die Maultaschen in etwa 1 cm dicke Streifen schneiden und auf einem mit Backpapier belegten Blech verteilen. Sie dürfen nicht übereinanderliegen. Die Hälfte mit einem Backpinsel sparsam mit dem Paprikaöl einstreichen. Das Blech für etwa 15 Minuten in den Ofen schieben. Die Pommes wenden. Dann die bereits mit Öl bestrichenen auf der nun nach oben schauenden Seite fein einpinseln. Nach weiteren 10–15 Minuten sind die Pommes fertig. Gegebenenfalls etwas salzen. Sofort servieren.

TIPP

Dazu passen klassisch Ketchup und Mayo sowie jeder frische Kräuterdip auf Crème-fraîche-Basis.

Fusion-Gerichte

Die Fusion (sprich [fjusch'n]) Cuisine, auch Fusion Cooking, ist ein wuchtiger globaler Trend seit den 1980er-Jahren. Es geht dabei um die »Verschmelzung« von unterschiedlichen Esskulturen oder die Kombination von zwei verschiedenen Regional- und Länderküchen. Die nächsten Seiten liefern den Beweis: Auch Maultaschen lassen sich auf das Köstlichste mit bekannten Klassikern aus anderen Ländern und Regionen »fusionieren«.

MAULTASCHEN: KEINE KOPIE VON RAVIOLI

Immer wieder hört man die Theorie, dass die Schwaben ihre Maultaschen nicht selbst erfunden haben sollen. Vielmehr seien Ende des 17. Jahrhunderts ein paar protestantische Waldenser aus dem Piemont über die Alpen gekommen und hätten ihre Raviolitradition ins Schwabenländle importiert. Die Maultasche sei Ideenklau? Unvorstellbar!

Maultaschen sind unvergleichlich

Handgerollte schwäbische Maultaschen haben in Form und Herstellungsart nichts gemein mit den kleinen Teigwaren aus Turin und Umgebung. Einige der Unterschiede sind frappant: Die Raviolimeister erfinden laufend unterschiedliche Formen, Farben und Füllungen. Die Teigtaschen sind mal rund, mal halbrund, dreieckig oder undefinierbar in ihrer Gestalt, aber immer umhüllt der Teig die Füllung vollständig.

Maultaschen bleiben sich treu: rechteckig!

Unsere Maultaschen hingegen sind zunächst um ein Vielfaches größer. Herrgottsbscheißerle sind sich »formell« immer treu geblieben – rechteckig! Gerollte Maultäschle sind an zwei Seiten offen.

Kein Vergleich: Maultaschen und Ravioli

Ich will keiner Ravioli zu nahe treten, aber meistens verstecken sich im Teig eher undefinierbare, eher pampige Füllungen. Nicht selten vermengt mit Käse. Schon in ganz alten Rezeptbüchern werden die Füllungen meistens mit Parmesan zubereitet. Im Gegensatz dazu führen die Füllungen der schwäbischen Täschle durch ihre lockere Konsistenz zu gänzlich anderen Geschmackserlebnissen. Und niemals wurden sie mit Käse befüllt.

Maultaschen sind komplexer

Eine Verwandtschaft zwischen Ravioli und Maultaschen ist damit in etwa so unwahrscheinlich wie die zwischen einer italienischen Zwergpalme und einer deutschen Eiche.
Ergo: Etwas Einzigartiges wie Maultaschen kann kaum die Kopie sein von etwas anderem.

SALTIMBOCCA MIT MAULTASCHE UND RISOTTO

Fügen sich Mund und Mund aneinander, entsteht ein Kuss. Diese Metapher liefert die Grundlage für diese unvergleichliche Liebeserklärung an die italienische Küche. Saltimbocca heißt übersetzt schließlich »Spring in den Mund!«. Und genau hier verschmilzt dieser Klassiker mit Parmaschinken und Salbei mit unserer »Mundtasche«, wie Maultaschen früher in Norddeutschland genannt wurden. Dazu braucht man bloß die dünnen Kalbsschnitzel aus dem Originalrezept ersetzen durch Maultaschen.
Basis für das begleitende Risotto ist das traditionelle Rezept nach Mailänder Art, allerdings ohne Safran. Dafür einen Arborio-Risottoreis aus dem Piemont verwenden. Er gilt unter Italienern als der beste.

ZUBEREITUNGSZEIT: **35 MINUTEN**

FÜR 4 PERSONEN

Für den Risotto
4 EL Butter
1 mittelgroße Zwiebel, fein geschnitten
250 g Risottoreis (Arborio)
125 ml Weißwein
700–800 ml Ochsenschwanzbouillon (siehe Seite 30)
100 g Parmesan, frisch gerieben
Salz
frisch gemahlener schwarzer Pfeffer

Für das Saltimbocca
8 Maultaschen
8 große Scheiben Parmaschinken
2 EL Butter
½ Bund Salbei

ZUBEREITUNG

Für den Risotto 2 EL Butter in einem Topf schmelzen, darin die Zwiebel kurz anschwitzen. Den gewaschenen Reis einrühren, kurz anbraten. Die Körner sollen von Butter überzogen sein und glasig werden. Dann mit dem Wein ablöschen und umrühren, bis er verdampft ist. Nun so viel Bouillon dazugeben, dass der Reis gerade bedeckt ist. Immer wenn der Reis die Flüssigkeit aufgesogen hat, weitere Bouillon nachkippen. Nach 15–20 Minuten kontrollieren, ob der Reis fertig ist. Er muss al dente (bissfest) sein.
Zum Schluss den Parmesan mit dem Rest der Butter dazugeben, unterrühren und mit Salz und Pfeffer abschmecken.
Währenddessen die Maultaschen mit großen, nicht allzu dünnen Scheiben Parmaschinken vorsichtig einwickeln. In einer Pfanne mit Butter von beiden Seiten bei mittlerer Temperatur anbraten. Zwei bis drei Blätter Salbei je Maultaschen mit in die Pfanne geben. Sobald die Blätter kross sind, herausnehmen und auf Küchenpapier abtropfen lassen.

ANRICHTEN

Eine Portion Risotto auf die Teller geben. Die Maultaschen dazulegen und mit den krossen Salbeiblättern toppen.

TIPP

Wer ein bisschen Sauce dazu möchte, gibt 100–150 ml Marsala in die Pfanne, 2 Minuten aufkochen. Mit Salz, Pfeffer und getrocknetem Majoran abschmecken.

SCHARFE ASIATISCHE STICKY MAULTASCHEN

Gute Maultaschen bestechen durch ausgewogene Würzung und feine Geschmacksnuancen. Nichts drängt sich in den Vordergrund. Aber hey: Manche mögen Schärfe. Some like it hot! Für die Genießer von scharfen Gerichten fusionieren hier schwäbische Maultaschen mit den so beliebten sticky Tofugerichten. Aber eben ohne Tofu. Ganz typisch für die asiatische Küche wirken die vielfältigen Aromen zusammen für ein komplexes kulinarisches Erlebnis: süß, sauer und scharf.

ZUBEREITUNGSZEIT: 40 MINUTEN

FÜR 4 PERSONEN

200 g Basmatireis
Meersalz (Fleur de Sel)
2 rote Paprikaschoten
15–20 Cherrytomaten
200 g Kaiserschoten
4 scharfe Chilischoten
2 Karotten
2 mittelgroße Zwiebeln
Sesamöl
Paprikapulver rosenscharf
2 Frühlingszwiebeln
25 g Speisestärke
Knoblauchpulver
6 Maultaschen
2 EL Bratöl
weißer und schwarzer Sesam zum Garnieren

Für die Marinade
50 ml Sojasauce
1 EL brauner Zucker
3 EL Tomatenmark
2 EL Sesamöl
4 scharfe Chilischoten
2 Knoblauchzehen

TIPP

Wer nicht auf scharf steht, halbiert einfach die Menge an Chilischoten.

ZUBEREITUNG

Den Reis in einem Sieb waschen, bis nur noch klares Wasser herausfließt. In kochendes, gesalzenes Wasser geben: Doppelt so viel Wasser verwenden wie Reis. Die Temperatur etwas verringern und den Reis bei geschlossenem Deckel etwa 10 Minuten köcheln lassen. Danach den Topf vom Herd nehmen und alles weitere 10 Minuten ziehen lassen.

In der Zwischenzeit den Backofen auf 220 °C Ober-/Unterhitze vorheizen.

Paprikaschoten, Cherrytomaten, Kaiserschoten und Chilischoten waschen, Karotten schälen. Paprika und Chilischoten entkernen und in dünne Streifen schneiden. Zwiebeln in feine Ringe und Karotten in feine Streifen schneiden, Cherrytomaten halbieren und alles zusammen auf einem mit Backpapier belegten Backblech verteilen. Etwas Sesamöl, Paprikapulver und Salz darübergeben und das Gemüse für etwa 20 Minuten in den Ofen schieben. Inzwischen die Frühlingszwiebeln waschen und in feine Ringe schneiden.

Die Speisestärke in einen tiefen Teller geben und mit Paprikapulver, Knoblauchpulver und etwas Salz vermengen. Die Maultaschen in etwa 3 × 3 cm große Würfel schneiden und in der Speisestärkemischung mehlieren, bis alles gut bedeckt ist. Dann in einer Pfanne mit dem Öl bei mittlerer Temperatur anbraten, bis sie goldbraun sind. Aus der Pfanne nehmen und zur Seite stellen.

In derselben Pfanne nun für die Marinade die Sojasauce mit braunem Zucker, Tomatenmark und Sesamöl vermengen. Die Chilischoten waschen, entkernen, ganz klein hacken und dazugeben. Knoblauch ebenfalls in die Pfanne pressen. Alles mit etwa 300 ml kochendem Wasser aufgießen und gut verrühren. Dann die Pfanne erhitzen und die Marinade so lange köcheln lassen, bis sie etwas andickt.

Die Maultaschen wieder dazugeben und gut schwenken. Sie sollen noch mal erwärmt und schließlich komplett von der Marinade umhüllt werden. Anfangs kann diese noch etwas flüssig sein, doch durch die Stärke wird sie schließlich zu einem »sticky« Überzug, einem klebrigen Mantel. Dann ist es perfekt.

ANRICHTEN

Den Reis in tiefe Teller oder Schalen geben, die Maultaschen mit der klebrigen Marinade auf der einen Hälfte des Reises verteilen. Daneben das Ofengemüse anrichten. Mit Fleur de Sel würzen. Alles mit Frühlingszwiebeln und etwas weißem und schwarzem Sesam garnieren. Wer mag, stellt noch Sojasauce mit auf den Tisch.

MAULTASCHEN MIT BUTTER UND SALBEI

Maultaschen sind keine Ravioli. Das wiederum heißt nicht, dass man sie nicht in Anlehnung an »piatti italiani« auf den Tisch bringen kann. Eine ebenso reinrassig italienische wie wohlschmeckende Zubereitung von Ravioli ist »con burro e salvia«. Es geht kaum einfacher und liefert doch ein Füllhorn an Geschmack und Aromen. Der kräftig bitter-würzige Salbei aromatisiert die warme Butter und schmeckt kross gebraten angenehm mild.
Was also liegt näher, als die Ravioli zu ersetzen durch schwäbische Maultaschen! Und siehe da – es funktioniert: optisch und kulinarisch! In die »Salbeibutter« gebe ich auch Olivenöl, weil die Butter dann nicht braun wird und die Salbeiblätter herrlich kross werden.

ZUBEREITUNGSZEIT: 20 MINUTEN

FÜR 4 PERSONEN

1 Bund Salbei
100 g Butter
4–6 EL Olivenöl
Meersalz (Fleur de Sel)
8 Maultaschen
50 g reifer Parmesan
frisch gemahlener schwarzer Pfeffer

ZUBEREITUNG

Den Salbei waschen und trockentupfen. Große Blätter halbieren, kleine Blätter ganz lassen.
Butter und Olivenöl in einem Topf erwärmen, etwas Salz und den Salbei hinzugeben. Die Blätter bei kleiner bis mittlerer Temperatur kross braten. Dazu dabei stehen bleiben, weil man den Topf gleich vom Herd nehmen muss, wenn dieser Punkt erreicht wird. Danach werden die Blätter sonst braun und bitter.
Die Maultaschen in einem Topf mit gesalzenem Wasser 10–12 Minuten garen. Sie dürfen dabei nicht kochen.

ANRICHTEN

Je zwei Maultaschen in einen Suppenteller geben. Mit ein paar Löffeln der heißen Butter übergießen. Mit Salbeiblättern toppen. Nach Gusto reifen Parmesan frisch drüberhobeln und mit Meersalz und Pfeffer verfeinern.

TIPP

Dazu passt hervorragend ein knackiger grüner Salat. Überdies kann man dieses Gericht mit gerösteten Pinienkernen ergänzen. Das bringt eine weitere passende Aromanote und etwas Crunch dazu.

MAULTASCHEN MEDITERRAN MIT TOMATEN UND MOZZARELLA

Die Maultaschen mediterraner Art mit Tomate und Mozzarella überbacken versprechen in etwa dies: einfachen, schnellen Küchen-Soul. Leicht in der Zubereitung und lecker auf der Gabel. Anders formuliert: wenig Aufwand, viel Geschmack.
Könnte man dieses Rezept nur mit Mozzarella zubereiten, müsste es konsequenterweise »Maultaschen italienisch mit Tomaten und Mozzarella« heißen. Aber man kann statt Mozzarella beispielsweise auch griechischen Schafskäse verwenden oder zypriotischen Halloumi.

ZUBEREITUNGSZEIT: 20 MINUTEN | GARZEIT: 30 MINUTEN

FÜR 4 PERSONEN

2 Zwiebeln
800 g Tomaten
4–5 Knoblauchzehen
etwas Olivenöl
4 EL Tomatenmark
Salz
Zucker
frisch gemahlener schwarzer Pfeffer
8 Maultaschen
400 g Mozzarella
2 Stängel frisches Basilikum

ZUBEREITUNG

Den Backofen auf 180 °C Ober-/Unterhitze vorheizen.
Die Zwiebeln halbieren. Eine Zwiebel in feine Würfel, die andere in Scheiben schneiden. Die Tomaten waschen und in mittelgroße Würfel schneiden. Den Knoblauch fein würfeln oder durch eine Knoblauchpresse drücken.
Zwiebelwürfel in einer Pfanne mit etwas Olivenöl bei mittlerer Temperatur anschwitzen. Nach etwa 4 Minuten den Knoblauch und das Tomatenmark hinzufügen. Kurz mitdünsten. Gewürfelte Tomaten dazugeben und mit Salz, Zucker und Pfeffer abschmecken. Alles etwa 10 Minuten köcheln lassen.
Die Maultaschen in je vier bis fünf Streifen schneiden und in einer ofenfesten Form verteilen. Tomatensauce darübergeben und das Ganze für etwa 20 Minuten in den Backofen schieben. Dann die Auflaufform noch mal herausholen und alles mit zerrupftem Mozzarella bedecken. Zuletzt die Zwiebelringe auf dem Gericht verteilen und dieses noch mal für etwa 10 Minuten in den Ofen geben, bis der Mozzarella geschmolzen und die Zwiebeln goldbraun sind.
Aus dem Ofen holen, kurz abkühlen lassen, mit frischem Basilikum bestreuen und servieren.

TIPP

Als Beilage passt ein gemischter Salat oder Rucolasalat.

VIETNAMESISCHE SOMMERROLLEN MIT MAULTASCHEN UND ERDNUSSSAUCE

Vietnamesische Sommerrollen sind keine Frühlingsrollen. Denn: Sie werden nicht wie die frühlingshaften Röllchen in Thailand und sonst wo in Südostasien frittiert, sondern kalt verzehrt. Zweiter großer Unterschied: Während die frittierten Frühlingsrollen quasi uniformiert aus der Küche auf den Tisch kommen, bastelt man seine Sommerrollen am Tisch ganz individuell selbst zusammen. Dazu werden die einzelnen Zutaten vorbereitet, in die Mitte des Tisches gestellt und jeder kann damit seine Rollen wickeln. Frisch, leicht und mit gebratenen Maultaschenscheiben ein hochsommerlicher Gaumenschmaus. Ein geselliges »Event-Essen« mit Spaßgarantie.

ZUBEREITUNGSZEIT: **45 MINUTEN**

FÜR 16 ROLLEN

4 Maultaschen
2 TL Butter
50 g Glasnudeln
2 Karotten
1 Frühlingszwiebel
1 Salatgurke
1 rote Paprikaschote
100 g Rotkohl
1 Bund Minze
1 Bund Koriandergrün
16 Stück Reispapier

Für die Erdnusssauce
½ unbehandelte Limette
5–6 EL Erdnussbutter
200 ml Kokosmilch
50 ml Sojasauce
1 Knoblauchzehe
1 EL frisch geriebener Ingwer
1 EL Honig

TIPP

Man kann dieses Gericht wunderbar ergänzen mit weiteren klassischen Fleisch- und Fischzutaten wie gebratenen Garnelen oder Rinderfilet. Manche stellen zusätzlich Sojasauce auf den Tisch.

ZUBEREITUNG

Die Maultaschen in dünne Streifen schneiden (etwa 0,5 cm) und in einer Pfanne mit der Butter bei mittlerer Temperatur goldbraun anbraten.
Die Glasnudeln mit kochendem Wasser übergießen und etwa 3–5 Minuten ziehen lassen. Wenn sie weich sind, durch ein Sieb abgießen und in eine kleine Schüssel geben.
Karotten, Frühlingszwiebel, Gurke, Paprika und Rotkohl waschen und in dünne, 5–6 cm lange Streifen schneiden. Die Zutaten und die fertigen Maultaschen jeweils auf kleinen Tellerchen ablegen. Minze und Koriander waschen und am Stängel auf den Tisch stellen. Das Abzupfen übernehmen die Mitesserinnen und Mitesser selbst.
Für die Erdnusssauce die Limette waschen, die Schale abreiben und den Saft ausdrücken. Beides mit allen übrigen Zutaten mit einem Schneebesen oder Pürierstab verrühren bzw. pürieren und in eine Schüssel geben.

ANRICHTEN

Für das Reispapier einen großen flachen, mit Wasser gefüllten Teller in die Mitte des Tisches stellen. Drumherum kommen alle übrigen vorbereiteten Zutaten.
Für das Zusammenbauen der Sommerrolle zunächst ein Reispapier in den Wasserteller legen. Nach etwa 5 Sekunden wieder herausnehmen und auf dem eigenen Teller ablegen. Achtung: Das Papier weicht auch nach dem Herausnehmen weiter auf. Lässt man es zu lange im Wasser, fängt es an zu verkleben.
Dann nach persönlichen Vorlieben vorgehen: zum Beispiel etwas von den Glasnudeln, zwei Scheiben Maultaschen, Gemüse und Minze in die Mitte des Reispapiers legen. Nicht zu viel aufhäufen. Die Rolle hat idealerweise eine Größe von etwa 10 × 4 cm. Die Seiten einklappen und dann das Ganze von unten nach oben fest einrollen. Aus der Hand essen und nicht vergessen, vor jedem Bissen in die leckere Erdnusssauce zu dippen.

VIETNAMESISCHE MAULTASCHEN-PHO

Pho ist die traditionelle Suppe der vietnamesischen Küche. Die Fleischbrühe wird meist aus Rind oder Huhn gekocht und beinhaltet Zutaten wie Reisnudeln, Lauchzwiebeln, Koriander, Minze, Thai-basilikum, Chili, Limette, Soja- oder Mungbohnensprossen und Fischsauce.
Bereichert wird die fertige Suppe in dem ehemals – wie Deutschland – geteilten Land mit einigen Streifen Rind- oder Hühnerfleisch. Aber Maultaschen passen ebenfalls ganz prima dazu. Schließlich: Wie der schwäbische Klassiker »Maultaschen in der Brühe« beweist, sind Brühen und Maultaschen kongeniale Partner (siehe Seite 31).

ZUBEREITUNGSZEIT: 20 MINUTEN | GARZEIT BRÜHE: 1 STUNDE (OHNE SELBST GEMACHTE BOUILLON)

FÜR 4 PERSONEN

Für die Pho-Brühe

2 daumengroße Stücke Ingwer
4 Knoblauchzehen
2 Zwiebeln
2 Zimtstangen
4 Anissterne
6 Gewürznelken
2 Kardamomkapseln
1,5 l Ochsenschwanzbouillon (siehe Seite 30)
vietnamesische Fischsauce (Nuoc Mam)

Für die Suppeneinlage

200 g breite Reisnudeln
4 Frühlingszwiebeln
saisonales Gemüse (z. B. Karotten, Paprikaschoten, Kaiserschoten, grüner Spargel, Pilze)
frische Kräuter (z. B. Koriander, Minze und Thaibasilikum)
100 g Mungbohnensprossen
2 Limetten
2 milde Chilischoten
4 Maultaschen
Salz

ZUBEREITUNG

Für die Pho-Brühe den Ingwer schälen. Die Zwiebeln grob schneiden und den Ingwer fein schneiden. Ingwer, Zwiebeln, Knoblauch, sämtliche Gewürze sowie die Bouillon in einen großen Topf geben. Alles etwa 1 Stunde köcheln lassen. Anschließend durch ein Sieb geben und nach Belieben mit Fischsauce verfeinern.
Währenddessen die Reisnudeln in einer Schüssel mit lauwarmem Wasser übergießen. Etwa 5–8 Minuten einweichen lassen. Durch ein Sieb abgießen und mit kaltem Wasser abspülen. Abtrocknen lassen, zur Seite stellen.
Die Frühlingszwiebeln und das Gemüse waschen und in Streifen schneiden. Die Kräuter waschen und von größeren Stielen befreien. Grob hacken. Die Sprossen waschen und abtropfen lassen. Die Limetten achteln, die Chilischoten waschen und in feine Streifen schneiden.
Die Maultaschen in gesalzenem Wasser 10–12 Minuten garen. Herausnehmen und in Scheiben schneiden.

ANRICHTEN

Gemüse und Frühlingszwiebeln zusammen mit den Reisnudeln und Sprossen auf Schalen verteilen. Alles mit der heißen Pho-Brühe übergießen. Dann die schon heißen Maultaschen dazugeben. Mit Chilistreifen und Kräutern garnieren. Die Limettenschnitze und den Rest der frischen Kräuter in Schälchen auf den Tisch stellen zur individuellen Verwendung.

TIPP

Fischsaucen aus Vietnam sind milder und weniger salzig als ihre Vettern aus Thailand. Die besten kommen von der Insel Phu Quoc.

EINE MILLION MAULTASCHENREZEPTE

Jede alteingesessene Familie im Schwabenland hat ihr eigenes Maultaschenrezept. Das einzig wahre. Das beste. Wie viele beste Rezepte mag es dann in Summe geben? Ich hab das mal ausgerechnet.

Laut Mikrozensus gab es im Jahr 2017 im Maultaschen-Stammland Baden-Württemberg 5,3 Millionen Privathaushalte.

- Ziehen wir 1 Million ab für »Reigschmeckde«, also Zugezogene.
- Ziehen wir 1 Million Haushalte ab für die Familien, in denen die Kinder in ihren eigenen Hausständen nach dem Familienrezept der Mutter kochen – also kein eigenes Maultaschenrezept haben.
- Ziehen wir 1 Million Haushalte ab, in denen das Familienrezept in den letzten Jahren verloren gegangen ist. Weil die Mutter sich nicht mehr die Mühe machen möchte, die Kinder kein Interesse zeigen, die Omas kein Rezept hinterlassen haben.
- Dann bleiben noch immer 2,3 Millionen Haushalte übrig, die ein Familienrezept haben.
- Davon ziehen wir großzügig 1,3 Millionen ab, weil sich Rezepturen auch mal gleichen können wie ein Ei dem anderen.

So bleiben 1 Million Rezeptvarianten übrig, die heute noch mehr oder weniger regelmäßig zubereitet werden. Eine irre Vorstellung? Eine schöne Vorstellung!

Eine Million Mal »die Beste«

Jede Familie behauptet: »Die von meiner Oma (oder meiner Mutter) sind die besten!« Wie kann das sein? Nun, es liegt daran, dass unser Geschmackssinn in der Kindheit geprägt wird, durch Speisen, die wir am Familientisch immer wieder angeboten bekommen. Dabei geht es keineswegs nur um Essen, Trinken und Schmecken, sondern in hohem Maße um Emotionen. Gerüche und Geschmacksempfindungen verbinden sich mit Erinnerungen an die Küche der Großeltern, an Familienfeste, an Kindheit und anderes mehr. Diese Verknüpfungen erst erschaffen diese starken Prägungen und Präferenzen. Und so kommt es, dass dieser so ausgeprägte Sinn für Gutes und Geschmack aus der Kindheit unsere Wahrnehmungen beeinflusst. Ein Leben lang.

Es geht um Leben und Tod

Dabei spielt es keine Rolle, ob es um das Rezept von Lieschen Müller oder von Sterneköchen geht. Die Absolutheit ist die gleiche. »Wenn wir bei uns eine Maultasche machen«, so die schwäbische Kochikone Vincent Klink in einem TV-Interview, »dann geht's um Leben und Tod.«

Knifflig wird es, wenn sich Schwaben ehelichen und zwei Oma-Rezepte aufeinanderprallen. Es soll schon heftigste voreheliche Konflikte gegeben haben um die Frage, wessen Maultaschen die Hochzeitssuppe (siehe Seite 62) bereichern dürfen. Die von ihrer Mutter oder die von seiner. Oh, man will bei diesen hoch emotionalen Auseinandersetzungen nicht dabei sein müssen. Aus eigener Erfahrung plädiere ich für den goldenen Weg der friedlichen Koexistenz.

Der Riss geht durch Familien – auch bei uns

Die Maultaschen meiner Schwiegermutter sind großartig, fürwahr. Aber natürlich nicht so gut wie die meiner Mutter. Auch klar. Eigentlich könnte man es dabei bewenden lassen. Aber nicht so in schwäbischen Ehen. Jede und jeder versucht die oder den anderen mit kleinen Sticheleien zu provozieren. Und zu überzeugen, dass »mehr Spinat als bei deiner Mutter reingehört« oder eine Maultasche »ohne Lauch nicht schmecken kann«. Da es viele verschiedene Zutaten gibt, gibt es ebenso viele Streitanlässe.

Welche schmecken besser?

Wir wollten diese Frage aller Fragen zwischen uns vor vielen Jahren endgültig klären. Besser: klären lassen – von unseren zehn besten Freunden. Sie folgten auch alle frohlockend unserer Einladung zur »Maultäsch-Competäschn«. Meine Frau verbrachte ein paar Stunden in der Küche, um die Dinger nach dem Rezept ihrer Mutter herzustellen. Ich arbeitete parallel mit der Rezeptur meiner Familie. Unseren Gästen servierten wir drei verschiedene Zubereitungen – mit je zwei verschiedenen Maultaschen.
Die Freunde waren allesamt sehr höflich, begeistert, vergnügt. An den einen wurde dies gelobt, an den anderen jenes. Es wurden überschwängliche Freundlichkeiten ausgetauscht. Aber niemand wollte einen von uns beiden mit einer harten Wahrheit konfrontieren. Es ging aus wie das Schießen in Hornberg im Schwarzwald anno 1564. Fast.

Nur hinter vorgehaltener Hand

Denn beim Verabschieden an der Haustür flüsterten mir die Freunde beim Rausgehen verschworen ins Ohr: »Die von deiner Mutter sind besser.«
Ich behielt die Information über den Sieg für mich und legte mich selig schlafen. Meiner Frau habe ich erst Jahre später die Wahrheit über das Ergebnis unseres Wettbewerbs erzählt. Sofort ging die Diskussion wieder los. Das könne jeder behaupten. Die Maultaschen ihrer Mutter seien doch … und würden besser schmecken, weil … und so weiter und so weiter …
So ist es bis zum heutigen Tag! Und weil dem so ist, macht es keinen Sinn, mit Schwaben über die Güte der Maultaschen ihrer Familie zu diskutieren, geschweige denn zu streiten. Die Kraft der Gaumenprägung durch Mütter und Omas ist einfach übermächtig.

HAWAIIANISCHE POKÉ-BOWL MIT MAULTASCHE

Poké-Bowls sind das Nationalgericht Hawaiis. Ein Paradebeispiel erfolgreicher Fusion-Küche. Sie verbinden japanische Kulinarik mit Einflüssen der amerikanischen Westküste in einer Schüssel (»bowl«) voll mit klein geschnittenen (»poké«) frischen Zutaten. Als Basis wird oft Reis, Quinoa oder Salat verwendet, welche dann mit beliebigen Toppings wie Fisch, Fleisch, Tofu, Gemüse oder auch Obst serviert werden.
Diese Schüssel voller Frische lässt sich spielend einfach und köstlich auch mit schwäbischen Maultaschen fusionieren. Ein leichtes, schön buntes, sommerliches Gericht. Das Zusammenspiel von warm und kalt befeuert die vielfältigen Aromen.

ZUBEREITUNGSZEIT: **20 MINUTEN**

FÜR 4 PERSONEN

400 g Babyspinat
½ Salatgurke
1 große Karotte
1 Mango
1 Avocado
4 Frühlingszwiebeln
200 g geschälte gegarte Edamame
4 TL weißer Sesam
4 Maultaschen
2 EL Butter
1 mittelgroße Gemüsezwiebel
Weizenmehl
100–150 ml Bratöl
Zuckererbsensprossen zum Garnieren (optional)

Für das Dressing
4 EL Sojasauce
4 EL Sesamöl
1 TL Honig
Saft von 1 Limette
Meersalz (Fleur de Sel)
frisch gemahlener schwarzer Pfeffer

ZUBEREITUNG

Den Spinat waschen und trockenschleudern. Große Blätter klein schneiden und gleichmäßig auf vier Schüsseln verteilen. Die Gurke waschen. Karotte, Mango und Avocado schälen. Alles in etwa 1 × 1 cm große Würfel schneiden und auf dem Spinat drapieren. Die Frühlingszwiebeln waschen, in 1 cm lange Röllchen schneiden und mit den Edamame sowie dem Sesam ebenfalls auf die Bowl geben. Für das Dressing alle Zutaten in eine kleine Schüssel geben und gut vermengen. Mit Salz und Pfeffer abschmecken.
Die Maultaschen in 2 × 2 cm große Würfel schneiden und in einer Pfanne mit der Butter in etwa 8–10 Minuten goldbraun anbraten. Währenddessen die Zwiebel in feine Ringe schneiden. Diese in Mehl wenden. Etwa 1–2 cm hoch Bratöl in einem kleinen Topf erhitzen und die Zwiebelringe darin in 5–6 Minuten knusprig ausbacken. Mit einem Schaumlöffel herausnehmen und auf Küchenpapier abtropfen lassen.

ANRICHTEN

Die Maultaschenwürfel über der Bowl verteilen und das Dressing darübergießen. Mit den warmen Röstzwiebeln toppen. Mit Zuckererbsensprossen garnieren, falls zur Hand.

LIKE IN AMERICA – SURF & TURF

Der Begriff »Surf and Turf« entstand in den späten 1960er-Jahren in Steakhäusern entlang der Ostküste Nordamerikas. Er steht für die Kombination von etwas aus dem Meer mit etwas, das auf der Wiese herangewachsen ist. Weltweit hat sich diese Bezeichnung durchgesetzt für Gerichte mit Steak und Hummer.
Diese amerikanische Grundidee lässt sich überaus geschmackvoll fusionieren mit Maultaschen, frischen Scampi und einer feinen Krabben-Schaum-Sauce. Ich bette unser Surf & Turf – zumindest in den Wintermonaten – auf frischem Grünkohl.

ZUBEREITUNGSZEIT: 45 MINUTEN

FÜR 4 PERSONEN

1 Knoblauchzehe
1 mittelgroße Zwiebel
8 mittelgroße Scampi (Kaisergranaten)
5 EL Butter
1 EL Bratöl
100 ml trockener Weißwein
300 g süße Sahne
2 TL Krabbenpaste
Salz
frisch gemahlener schwarzer Pfeffer
600 g Grünkohl
frisch geriebene Muskatnuss
8 Maultaschen
frischer Dill zum Garnieren (optional)

ZUBEREITUNG

Den Knoblauch in Scheiben schneiden. Die Zwiebel fein würfeln.
Die geschälten und vom Darm befreiten Scampi in einer mittelgroßen Pfanne mit 1 EL Butter und dem Bratöl rundum anbraten. Den Knoblauch dazugeben, die Scampi nach 3–4 Minuten herausnehmen und warm stellen.
Die Zwiebel in der Pfanne glasig anschwitzen. Mit dem Weißwein ablöschen, diesen kurz einkochen lassen. Die Sahne hinzugeben und einmal aufkochen lassen. Dann die Krabbenpaste einrühren und alles weiter köcheln lassen, dabei um etwa ein Drittel reduzieren.
Die Sauce zuletzt durch ein Sieb abgießen. Mit Salz und Pfeffer abschmecken.
Währenddessen den Grünkohl waschen, in Streifen schneiden und kurz in kochendem Wasser blanchieren. Mit Salz und Muskatnuss würzen. Abtropfen lassen und warm stellen.
Die Maultaschen in einer zweiten Pfanne mit 4 EL Butter in 8–10 Minuten goldbraun anbraten. Kurz vor dem Servieren die Scampi wieder in die Sauce geben.

ANRICHTEN

Auf vorgewärmten Tellern ein Bett aus Grünkohl anrichten. Darauf je zwei Maultaschen setzen und darauf die Scampi platzieren. Zum Anrichten die Sauce mit dem Pürierstab aufschäumen. Etwas Schaum über die Scampi geben, den Rest um den Grünkohl herum verteilen. Mit frischem Dill garnieren, sofern zur Hand.

TIPP

Die hummerähnlichen Kaisergranate kann man gut aus europäischen Beständen beziehen. Das Gericht schmeckt ebenso lecker mit Garnelen, doch die haben zumeist eine längere Anreise hinter sich.

LINKS-RECHTS-RHEINISCHER FLAMMKUCHEN

Maultaschen genießt man am besten in geselliger Runde. Unter Freunden. Selbiges gilt auch für den elsässischen Flammkuchen. Was also liegt näher, als die linksrheinische mit der rechtsrheinischen Küchenikone zu verschmelzen?
Im Elsass haben die Bauern früher ein kleines Stück Teig in den Brotofen geschoben, um die Temperatur zu testen. Bis einer auf die Idee kam, etwas Crème fraîche, Speck und Zwiebeln auf den »Test-Fladen« zu geben. Der Flammkuchen war geboren. Sein herrlicher Geruch lockte die Nachbarschaft an. Gesellig wurde zusammen probiert und geratscht. So ist es bei unseren französischen Nachbarn bis heute geblieben. So soll es auch sein, wenn dieser schwäbische Flammkuchen auf den Tisch kommt.

ZUBEREITUNGSZEIT: 20 MINUTEN | BACKZEIT: 15 MINUTEN

FÜR 4 PERSONEN

2 Packungen Flammkuchenteig (à 250 g; aus dem Kühlregal)
600 g Crème fraîche
6 Maultaschen
100 g braune Champignons (10–15 Stück)
150–200 g junger Blattspinat
Salz
1 Bund Frühlingszwiebeln
200 g geriebener Emmentaler
frisch gemahlener schwarzer Pfeffer

ZUBEREITUNG

Den Backofen auf 220 °C Ober-/Unterhitze vorheizen.
Die Teigrollen aus dem Supermarkt haben mit 250 g meist die Größe eines Backblechs. Aus einer Teigrolle machen wir zwei Flammkuchen, die man gut gleichzeitig nebeneinanderbacken kann. Das Backblech mit Backpapier belegen. Die beiden Teigbahnen darauf ausrollen und großzügig mit Crème fraîche bestreichen.
Die Maultaschen in dünne Streifen schneiden. Champignons putzen und in dünne Scheiben schneiden. Jeweils ein Viertel von Maultaschen und Pilzen auf den beiden Teigbahnen verteilen.
Den Blattspinat waschen und 2–3 Minuten in Salzwasser blanchieren. Unter kaltem Wasser abschrecken. Die Frühlingszwiebeln waschen und in feine Ringe schneiden. Jeweils einen Teil davon auf die Flammkuchen geben.
Das Backblech für 12 Minuten auf mittlerer Schiene in den Ofen geben. Den geriebenen Käse drüberstreuen und die Flammkuchen weitere 3 Minuten backen. Dann werden die beiden anderen Fladen auf dieselbe Art belegt und gebacken.

ANRICHTEN

Die Flammkuchen auf ein großes Brett schieben und mit einem langen Messer in Stücke teilen. Sofort heiß servieren. Wer die Tradition wahren möchte, serviert einen Flammkuchen nach dem anderen und stellt ihn in die Mitte des Tisches. So kann alles gemeinschaftlich miteinander geteilt werden. Nach Belieben mit Salz und Pfeffer würzen.

TIPP

Dazu passt jede Art von frischem Blattsalat.

KLEBSTOFF FÜR BEZIEHUNGEN

Liebe geht durch den Magen. Maultaschen aber werden in Beziehungsfragen darüber hinaus wahrliche Wunderwirkungen zugesprochen. Sie können Ehen retten! Meint zumindest Herbert Rösch, der 1985 dazu grundlegende Überzeugungen veröffentlichte in seinem »Schwäbischen Maultaschenbüchle«. In Zeiten des Genderns, gleichgeschlechtlicher Ehen und der wachsenden Schar von Hausmännern – bitte beim Lesen des Textes diese Vielfalt einfach mitdenken.

»Maultaschen, gekocht und dem Partner serviert, sind eine reine Liebeserklärung, Zeichen echter Liebe und großer Treue. Maultaschen sind der allerbeste Ehekitt, der denkbar ist bei Schwaben. Maultaschen sind die Inkarnation des seligen Einverständnisses zwischen den Partnern, die Grundlage völliger Harmonie zwischen sich Liebenden. In einer Partnerschaft, in der feine schwäbische Maultaschen miteinander gegessen werden, ist eine Scheidung oder Trennung glattweg undenkbar.
Deshalb tut sich jedes junge Weib, das von einem Schwaben beschützt, getröstet und in Treue geliebt werden möchte, gut daran, die Kunst der Maultaschenherstellung nicht nur zu erlernen, sondern zu großer Perfektion zu bringen – und dann mindestens einmal in der Woche Maultaschen zu servieren. Nichtschwäbinnen sei dies erst recht empfohlen. ER wird es ewig danken.
Und selbst in schlimmer Ehekrise (was gewiss auch mal vorkommen kann) wird er blitzartig gewahr, dass er ohne seine Partnerin auch auf deren deliziöse Maultaschen verzichten muss. Dieses Opfer aber, liebe Ehefrauen und Partnerinnen, wird er nicht gewillt sein, so ohne Weiteres zu bringen. Nein, es dämmert ihm in einer solchen Situation, dass dann ein schöner Teil seines Lebens ruiniert wäre.
Er bleibt!«

aus: Herbert Rösch, *Schwäbisches Maultaschenbüchle. 32 Maultaschenrezepte für Köche und Hausfrauen.* Stuttgart: Matthaes, 1987.

MAULTASCHEN SCHWEIZER ART

Ruck, zuck zubereitet. Riecht gut. Schmeckt kraftvoll-lecker. Ein besonderes Pfannengericht, bei dem schwäbische Maultaschen mit schweizerischem Raclettekäse überbacken werden.
Im Schweizer Kanton Wallis wurde vor sehr langer Zeit das Raclette erfunden. Von hier kommen die original Raclette-Käsesorten aus den Tälern Goms, Bagnes, Orsières und Turtmann. Seine herausragende Schmelzeigenschaft verdankt der Raclettekäse seinem besonders hohen Fettanteil von rund 50 Prozent. Je länger der Rohmilchkäse reifen darf, desto kräftiger und würziger wird er im Aroma. Anders als beim Auflauf oder Gratin, bei denen im Backofen eine krosse Käsekruste erzielt wird, soll bei diesem Cross-over-Gericht der Käse lediglich langsam zum Schmelzen gebracht werden. Er schmiegt sich an die Maultaschen und Zutaten, füllt die Zwischenräume mit würzigem Geschmack – alles verschmilzt zu einer genüsslichen Einheit.

ZUBEREITUNGSZEIT: 35 MINUTEN

FÜR 4 PERSONEN

2 große Tomaten
4–6 Frühlingszwiebeln
200 g Raclettekäse
8 Maultaschen
4 EL Butter
Schnittlauchröllchen zum Garnieren
Zitronenpfeffer

ZUBEREITUNG

Es braucht eine große Pfanne mit Deckel oder einen Bräter.
Die Tomaten waschen, halbieren und die Kerne entfernen. Das Fruchtfleisch in etwa 1 cm große Würfel schneiden. Die Frühlingszwiebeln waschen und in 1 cm lange Röllchen schneiden.
Beim original Walliser Raclettekäse kann man die Rinde bedenkenlos mitessen. Wenn auf der Packung anderer Raclettesorten bei den Zutaten jedoch E235 erwähnt ist, sollte man die Rinde wegschneiden. Denn das ist ein Hinweis auf das Antibiotikum Natamycin.
Die Maultaschen in Würfel oder Scheiben schneiden. In einer Pfanne mit der geschmolzenen Butter bei mittlerer Temperatur rundum anbraten. Nach 4–5 Minuten die Frühlingszwiebeln dazugeben. Nach weiteren 3–4 Minuten die Tomaten. Diese nur 1–2 Minuten mitbraten, dann die Maultaschen vollständig mit den Käsescheiben abdecken. Deckel drauf und bei etwas reduzierter Temperatur einige Minuten warten, bis der Käse geschmolzen ist.

ANRICHTEN

Die Pfanne bzw. den Bräter in die Mitte des Tisches stellen. Mit geschnittenem Schnittlauch garnieren. Kleine Portionen auf Teller verteilen. Nach Geschmack mit Zitronenpfeffer würzen.

TIPP

Dazu passt ein frischer Löwenzahnsalat – oder jeder andere frische Blattsalat. Es gibt im Handel, vor allem in den Wintermonaten, eine große Auswahl an Raclette-Käsesorten. Besonders herzhaft oder mild, mit Pfefferkörnern, Kräutern, Paprika oder Chili.

TIROLER GRÖSTL MIT MAULTASCHEN

Von den wunderschönen österreichischen Bergalmen herunter kommt dieses traditionelle, deftige Pfannengericht. Es überzeugt zu jeder Tageszeit: als Bauernfrühstück, Mittagessen oder zur Abendbrotzeit.
Das »g'schmackige Restlessen aus Erdäpfeln«, wie die Österreicher sagen, hat seinen Ursprung im Bundesland Tirol. Traditionell wird es mit Kartoffeln und gekochtem Rindfleisch zubereitet. Letzteres ersetzen wir einfach durch Maultaschenstreifen, und schon entsteht was gutes Neues. So einfach und überzeugend kann Fusion-Küche sein.

ZUBEREITUNGSZEIT: 45 MINUTEN

FÜR 4 PERSONEN

800 g festkochende Kartoffeln
8 Schalotten
150 g Stangenbohnen
6 Maultaschen
3–4 EL Butterschmalz
150 g Speckwürfel
Salz
frisch gemahlener schwarzer Pfeffer
1 EL getrockneter Majoran
4 Eier
Schnittlauchröllchen zum Garnieren

Für den Kräuterquark

1 Bund Schnittlauch
250 g Quark
100 g Joghurt
3–4 EL gehackte Kräutermischung
1 EL Zitronensaft
Salz
frisch gemahlener schwarzer Pfeffer

TIPP

In Österreich serviert man dazu gerne noch einen warmen Krautsalat.

ZUBEREITUNG

Die Kartoffeln gründlich waschen, in der Schale in Wasser je nach Größe 15–20 Minuten kochen. Danach etwas abkühlen lassen.
Für den Kräuterquark den Schnittlauch waschen und in feine Röllchen schneiden. Alle Zutaten in einer kleinen Schüssel vermengen und nach Belieben mit Salz und Pfeffer abschmecken.
Die Schalotten je nach Größe vierteln oder halbieren. Die Bohnen waschen und die Enden abschneiden, Bohnen in 5–7 cm lange Stücke schneiden. Die Maultaschen in grobe Würfel oder Scheiben schneiden.
Ungeschälte Kartoffeln in große Würfel oder Schnitze schneiden und in einer Pfanne mit 1–2 EL Butterschmalz und den Speckwürfeln bei mittlerer Hitze anbraten. Wenn die Kartoffeln eine goldbraune Farbe annehmen, die Bohnen hinzugeben. Mit Salz, Pfeffer und Majoran würzen. Noch einige Minuten weiterbraten.
Zeitgleich in einer zweiten Pfanne die Maultaschen mit 2 EL Butterschmalz bei mittlerer Temperatur anbraten. Dadurch, dass die Maultaschen in Würfel geschnitten wurden, liegen noch mehr angeschnittene Flächen mit Füllung frei, an denen beim Anbraten herrliche Röstaromen entstehen. Nach etwa 5 Minuten die Schalotten hinzugeben und mitbraten. Nach weiteren 4–5 Minuten die Maultaschen und Schalotten zu den Kartoffeln in der anderen Pfanne geben. Sanft vermischen und kurz warm halten.
In der nun leeren Pfanne die Spiegeleier braten. Leicht salzen.

ANRICHTEN

Gröstl mit Kräuterquark auf Tellern anrichten, je ein Spiegelei darauf platzieren. Den Quark und das Spiegelei mit feinen Schnittlauchröllchen garnieren.

MAULTASCHEN MIT FRANKFURTER »GRIE SOSS« UND SALZKARTOFFELN

Beide grün. Beide ursprünglich reinrassige Frühjahrsgerichte. Beide typische Gründonnerstags-Festessen. Beide unangefochtene Ikonen ihrer Herkunftsregionen. Dieser Teller liefert den wohl harmonischsten Weg, die Nachbarländer Hessen und Baden-Württemberg zusammenzuführen.
Die original »Frankfurter grüne Sauce« (»grie Soß« im Volksmund), eine kalte Sauce aus sieben verschiedenen frischen Kräutern, hat wie unsere Maultaschen in der EU den Status eines Produktes mit geschützter geografischer Angabe (g. g. A.) erlangt. In Hessen kann man fast das ganze Jahr hindurch die traditionelle Kräutermischung beim Gemüsehändler um die Ecke frisch kaufen. Außerhalb Hessens muss man die Kräuter für die Leibspeise von Johann Wolfgang von Goethe einzeln suchen. Je nach Jahres- und Erntezeit darf die Zusammensetzung schwanken. Drei Viertel der Kräutermischung sollen sich jedoch aus Petersilie, Borretsch, Sauerampfer und Kerbel zusammensetzen. Kein Kraut darf mehr als 30 Prozent ausmachen, so haben es die Frankfurter festgeschrieben.

ZUBEREITUNGSZEIT: 45 MINUTEN

FÜR 4 PERSONEN

500 g Kartoffeln
Salz
4 Eier
8 Maultaschen
4 EL Butter

Für die grüne Sauce
150 g frische Kräuter (krause Petersilie, Borretsch, Sauerampfer, Kerbel, Schnittlauch, Pimpinelle, Kresse)
150 g Joghurt
200 g saure Sahne
400 g Quark
2 EL milder Senf mit ganzen Körnern
Saft von ½ Zitrone
1 Knoblauchzehe
Salz
frisch gemahlener schwarzer Pfeffer

ZUBEREITUNG

Für die grüne Sauce alle Kräuter waschen, trockenschütteln und auf Küchenpapier trocknen. Mit einem scharfen Messer (ideal einem Wiegemesser) sehr fein schneiden oder hacken und in eine Schüssel geben. Dies ist der einzige zeitraubende Prozessschritt, aber der Aufwand lohnt sich. Ein paar Blätter von der Kresse für die Garnitur zur Seite legen. Joghurt, saure Sahne, Quark, Senf und Zitronensaft hinzugeben und alles mit einem Löffel gut vermengen. Zuletzt den Knoblauch dazupressen und die grüne Sauce nach Belieben mit Salz und wenig Pfeffer abschmecken.
Manche geben einfach alle gewaschenen Kräuter mit den übrigen Zutaten zusammen in den Mixer und zerhacken das Ganze. Ich mag diese Variante nicht, da die grüne Sauce dadurch eher einem Püree gleicht in Konsistenz und Aussehen.
Die Kartoffeln schälen, in kleine gleich große Stücke schneiden und in einen Topf geben. Diesen mit kaltem Wasser auffüllen und ordentlich Salz dazugeben. Das Ganze aufkochen und mit Deckel je nach Größe der Kartoffeln etwa 15–20 Minuten köcheln lassen. Das Wasser abgießen und die Kartoffeln im warmen Topf ausdampfen lassen. Parallel in einem weiteren Topf Wasser die Eier in etwa 10 Minuten hart kochen.
Die Maultaschen halbieren und in einer großen Pfanne mit der Butter bei mittlerer Temperatur in 8–10 Minuten goldbraun braten.

ANRICHTEN

Maultaschen, Salzkartoffeln, je ein halbiertes Ei und die grüne Sauce auf Tellern anrichten und mit etwas Kresse garnieren.

Maultaschen ohne Fleisch

Massentierhaltung, wie wir sie heute betreiben, scheint bei genauer Betrachtung eine völlig aus der Zeit gefallene Entwicklung. Forderungen von Verbraucherinnen und Verbrauchern nach mehr Tierwohl und weniger Treibhausgasemissionen sind allgegenwärtig und müssen viel schneller und konsequenter vorangetrieben werden. Es ist daher begrüßenswert, dass es immer mehr Angebote von Produkten, Lebensmitteln und Gerichten gibt, in denen Fleisch durch pflanzliche Zutaten ersetzt wird. Auch bei Maultaschen.

VATER-TOCHTER-STREITGESPRÄCH

Meine Tochter Hannah, 29, ernährt sich seit vielen Jahren schon vegan. Kommt sie uns besuchen aus dem fernen Berlin, füllt sich unser Kühlschrank binnen Stunden mit Hafermilch, Hummus, Tofu und anderen veganen Lebensmitteln. Essen spielt in unserer Familie, zum Glück inzwischen auch bei allen drei erwachsenen Kindern, eine große Rolle. Wir kochen und essen mit großer Freude zusammen. Wenn Hannah da ist, geht es immer wieder auch um die kritischen Seiten unseres Ernährungssystems. Bei den Diskussionen zu diesem Buch hat sich dieses Gespräch entwickelt.

Hannah: *Hey, Papa, wie stark, dass du ein Buch über Maultaschen schreibst! Darf ich da mein veganes Rezept beisteuern?*
Volker: Wie kommst du auf die Idee? Du weißt doch, was Maultaschen angeht, bin ich kategorischer Traditionalist. Das Original muss einfach mit Fleisch sein.

Das verstehe ich einfach nicht. Wieso müssen Maultaschen für dich immer mit Fleisch sein? Das ist nicht mehr zeitgemäß.
Jetzt mal langsam. Traditionen stammen nun mal aus einer anderen Zeit als heute. Das liegt ja wohl in der Natur der Sache. Maultaschen sind das traditionelle Leibgericht der Schwaben. Warum sollte man das ändern? Wer es nicht mag, muss es ja nicht bestellen.

Ich will ja auch nicht das Familienrezept meiner Oma Lisbeth ändern, sondern etwas Zusätzliches danebensetzen. Eine leckere Alternative zu den klassischen mit Fleisch.
Hm. Dein Rezept ist ja wirklich klasse, das muss ich schon sagen. Aber es ist nun mal keine authentische schwäbische Maultasche. Das ist für mich wie Frischkäse-Maultaschen, Kartoffel-Lauch-Maultaschen oder Soja-Maultaschen. Es gibt immer mehr Wischiwaschi-Täschle, die mit unserem heimatlichen Küchenbrauchtum nichts zu tun haben. Sie sollten sich daher Teigtaschen nennen – und nicht Maultaschen.

Kommst du mir jetzt wieder mit deinem Satz aus deinem Manifest? Maultaschen ohne Fleisch sind keine Maultaschen? Das kannst du doch so heut nicht mehr sagen!
Der Satz, für sich allein betrachtet, hat für mich damals wie heute zwei Ebenen. Erstens bin ich fundamental dagegen, dass mit Seeteufel oder Trüffeln gefüllte Teigtaschen als »schwäbische Maultaschen« tituliert werden. Das finde ich irreführend. Zum Zweiten sind Gemüse-Maultaschen auch keine schwäbischen Maultaschen im Sinne des kulturellen Erbes der Herrgottsbscheißerle. Das ist doch sinnfrei. Schließlich ist das Verstecken von Fleisch der Kern der Entstehungsgeschichte und der Pflege dieses Narrativs. Man kann doch so eine Heimatgeschichte nicht umschreiben. Maultaschen sind mit Fleisch. Basta.

Also geht es dir mehr um die Klarheit und Reinheit des Begriffes »schwäbische Maultasche«?
Ja. Der Trend zu veganer und vegetarischer Ernährung ist davon abgesehen total richtig.

Nicht nur das, er muss sich auch deutlich beschleunigen. Als Gesellschaft müssen wir uns den negativen Auswirkungen unseres Fleischkonsums endlich stellen und handeln. Alle sollten weniger Fleisch essen. Das ist gesünder und nachhaltiger.
In dem Punkt hast du vollkommen recht. Ich lebe ja schon seit 30 Jahren nach der Regel: Fleisch und Wurst nur am Wochenende. Meistens gelingt mir das auch. Du bist als Veganerin dabei viel konsequenter. Hut ab. Was ist eigentlich deine Motivation dafür?

Für mich stellt Fleischessen vor dem Hintergrund der Klimakrise, in Bezug auf Tierleid und Hygiene in der Fleischindustrie einfach keinen zeitgemäßen Genuss mehr dar. Ganz besonders, wenn es so viele leckere Alternativen gibt. Du isst ja eh schon wenig Fleisch. Könntest du dir nicht auch vorstellen, ganz darauf zu verzichten?
Nein. Aus zwei Gründen. Erstens: Es schmeckt unvergleichlich gut. Das allein ist für mich aber nicht ausreichend. Mir schmeckt auch Thunfisch, aber ich esse keinen mehr, weil die Bestände bereits gnadenlos überfischt sind.

Gut. Jetzt bin ich aber auf den zweiten Grund gespannt.
Der ist komplexer. Ich finde, auch ihr Veganerinnen und Veganer solltet mit Blick auf Tiere und Ernährung differenziert herangehen. Nicht Tierhaltung per se ist schlecht für den Planeten, sondern die pervertierte Massentierhaltung und die Industrien und Märkte dahinter. Kleine und mittelgroße Landwirte, die ihre Tiere anständig halten, ihre Futtermittel aus der Umgebung beziehen und kein Soja aus Brasilien verfüttern, haben unschätzbare Bedeutung für Umweltschutz und den Erhalt unserer Kulturlandschaften. Fleisch von so einem Hof, ob konventionell oder Bioqualität, kaufe ich mit voller Überzeugung. Diese Formen der Landwirtschaft brauchen wir und sollten wir massiv fördern.

Das kann ich nachvollziehen, Papa. Aber trotz allem geht es mir auch um Tierleid, das ja während einer Schlachtung nie komplett zu umgehen ist. Und wer kauft schon wirklich konsequent von solchen Höfen?
Auch wenn ich mich für die wahren schwäbischen Maultaschen mit Fleischfüllung einsetze, heißt das nicht, dass ich unreflektierten Fleischgenuss fördern will.

Gut so. Fakt ist doch: Fleischkonsum hat einen riesigen Einfluss auf unseren CO_2-Fußabdruck – ich würde einfach gerne eine Alternative präsentieren. Du willst doch alle abholen mit deiner Leidenschaft für Maultaschen, oder nicht? Heutzutage ein Kochbuch mit ausschließlich Fleischgerichten herauszubringen, ist total rückschrittlich.
Da magst du recht haben, Hannah. Aber ein Kochbuch über die schwäbische Maultasche zu veröffentlichen und dann mit einem veganen Rezept um die Ecke zu kommen, das fühlt sich für mich einfach nicht authentisch an.

Aber lass uns hier doch mal ganz offen und meinetwegen auch nachfragebasiert denken. Wenn wir zusammen auf dem Weihnachtsmarkt unsere Maultaschen für einen guten Zweck verkaufen, kommen jedes Mal so viele Leute an unseren Stand, die fragen, ob es die auch ohne Fleisch gibt.
Stimmt, das wurden in den vergangenen Jahren immer mehr.

Und wir können ja auch nicht ignorieren, dass viele Menschen aus religiösen Gründen kein Schweinefleisch essen. Und auch sonst immer weniger Leute Lust auf Fleischkonsum haben.
Okay, okay.

Du könntest ein veganes Rezept ganz am Ende des Buchs platzieren. Die, die nicht danach suchen, finden es vielleicht gar nicht. Und lass uns doch einfach deutlich machen, dass das nicht dein, sondern mein Rezept ist. Dann bleibst du authentisch. Und wer könnte besser ein veganes Maultaschenrezept beisteuern als deine vegan lebende Tochter?
Gute Idee! So machen wir's.

HANNAHS VEGANE MAULTASCHEN

Eine überzeugende vegane Maultasche zu kreieren, ist wahrlich keine Bagatelle. Aber wieso ist das überhaupt so kompliziert? Wer schon mal versucht hat, ein Fleischgericht in der veganen Variante nachzuahmen, wird wissen: Es gibt kein rein natürlich hergestelltes Produkt, das ganz genau den Geschmack von Fleisch imitiert.
Um dennoch so nah wie möglich an eine traditionelle schwäbische Maultasche heranzukommen, hat meine Tochter Hannah, die sich seit vielen Jahren vegan ernährt, vieles ausprobiert: Füllungen mit Tofu, Linsen, Sojaschnetzeln, Pilzen, Erbsenprotein, Sonnenblumenhack, Seitan und Co. Doch meist kamen sowohl der Geschmack als auch die Konsistenz nicht an das Original heran.
Nach etlichen Versuchen, der Suche nach den perfekten Geschmacksträgern und Bindemitteln und einigem Kopfzerbrechen hat sie dieses Rezept entwickelt, das in meinen Augen recht nah an die fleischhaltigen Herrgottsbscheißerle herankommt. Die Dinger sind richtig lecker!

ZUBEREITUNGSZEIT: **CA. 1 STUNDE 10 MINUTEN**

FÜR 12–16 MAULTASCHEN

Für den Teig
150 g Weizenmehl Type 550
100 g Hartweizengrieß
1 TL Salz
1 EL weiche vegane Butter

Für die Füllung
1 veganes Brötchen (2 Tage alt)
100 ml Pflanzendrink
250 g braune Champignons
2 mittelgroße rote Zwiebeln
2 EL vegane Butter
25 g glatte Petersilie, fein gehackt
100 g Räuchertofu
200 g junger Blattspinat (oder 180 g tiefgekühlt)
Salz
veganes Ei-Ersatz-Pulver für 6 Eier
6 EL Seitanpulver
2 EL Haferflocken
frisch gemahlener schwarzer Pfeffer
frisch geriebene Muskatnuss

Außerdem
reichlich Gemüsebrühe (siehe Seite 161)

ZUBEREITUNG

Für den Teig Mehl, Hartweizengrieß und Salz vermengen. Die vegane Butter und etwa 120 ml Wasser hinzufügen und alles von Hand oder mit dem Knethaken etwa 10 Minuten gut verkneten, bis ein elastischer Teig entsteht. Diesen zu einer Kugel formen, in Frischhaltefolie einwickeln und mindestens 30 Minuten im Kühlschrank kalt stellen.
Für die Füllung das altbackene, trockene Brötchen in croûtongroße Würfel schneiden und etwa 20 Minuten in 100 ml Pflanzendrink einweichen.
In der Zwischenzeit die Champignons putzen, zusammen mit den Zwiebeln in grobe Stücke schneiden und in einer Pfanne mit veganer Butter bei mittlerer Hitze anschwitzen. Nach 5 Minuten die gehackte Petersilie hinzufügen und weiterdünsten, bis die Zwiebeln glasig sind und die Flüssigkeit der Champignons gänzlich verkocht ist. Hierbei soll nichts anbrennen.
Im nächsten Schritt diese Zutaten pürieren, bis eine Masse mit cremiger Konsistenz entsteht: das »Pilzbrät«.
Den Räuchertofu grob raspeln. Blattspinat gegebenenfalls von zu langen Stielen befreien und grob schneiden. Dann gründlich waschen und in einem breiten Topf mit etwa 1 cm Salzwasser bei geschlossenem Deckel blanchieren. Den nun weichen Spinat in ein Sieb geben und kurz kalt abschrecken. Gut ausdrücken, bis keine Flüssigkeit mehr austritt.
Wenn das Pilzbrät etwas abgekühlt ist, alle Zutaten zur Füllung in eine große Schüssel geben: Pilzbrät, Spinat, Brötchen, Tofu. Dann die angerührte Ei-Ersatz-Masse sowie Seitanpulver und geschrote-

te Haferflocken dazugeben (dafür die Haferflocken einfach kurz durch den Mixer jagen). Die Zutaten mit einem Rührlöffel oder von Hand sanft vermischen. Dabei mit Pfeffer, Salz und viel frischer Muskatnuss abschmecken. Die Füllung sollte zu diesem Zeitpunkt etwas würziger sein, als das Endprodukt schmecken soll.

Anschließend den Teig ausrollen. Hierbei ist das Ziel, ihn von Hand oder mithilfe einer Nudelmaschine möglichst dünn auszurollen und Teigbahnen von etwa 30–40 cm Länge zu erzeugen. Das zweimalige Wickeln bzw. Rollen der Füllung auf den Teigbahnen funktioniert genau wie bei den fleischigen Verwandten (siehe Seite 20–21), nur dass zum Verschließen der Rohlinge natürlich kein Ei zum Einsatz kommt. Hierfür kann man als Ei-Ersatz ein wenig Seitanpulver mit Wasser anrühren. Nun die Rohling-Rollen im Abstand von 6–8 cm sanft mit der Handkante oder einem Rührlöffelstil durchdrücken. Dabei schiebt sich die Füllung an diesen Stellen nach links und rechts weg. An diesen flach gedrückten Stellen die Rolle mit einem scharfen Messer durchtrennen.

Einen großen Topf mit ordentlich gesalzenem Wasser oder Gemüsebrühe aufsetzen. Die Maultaschenrohlinge in das kochende Wasser gleiten lassen. Etwa 2 Minuten köcheln lassen, dann dieTemperatur reduzieren und weitere 6–7 Minuten simmern. Mindestens einmal vorsichtig umrühren.

Mit einem Schaumlöffel die fertigen Maultaschen herausheben, auf einem Gitter etwa 30–40 Minuten abkühlen und trocknen lassen. Dabei mindestens einmal wenden.

TIPP

Mit diesen Maultaschen kann man nahezu alle Gerichte aus diesem Buch nachkochen. Der schwäbische Kartoffelsalat lässt sich genauso gut mit Gemüsebrühe anmachen. Bei Gerichten mit Speck, Käse oder Ähnlichem lässt man diese Zutaten einfach weg oder ersetzt sie durch vegetarische oder vegane Alternativen.

KLARE GEMÜSEBRÜHE

Eine feine klare Gemüsebrühe herzustellen, ist kinderleicht. Sie muss auch nicht so lang garen wie eine Fleischbrühe. Wer sich und andere gerne mit veganen oder vegetarischen Maultaschengerichten beglücken möchte, verfeinert damit die Gerichte, bei denen ansonsten Ochsenschwanzbouillon (siehe Seite 30) zum Einsatz kommt.
Dazu gehört zunächst der unumgehbare schwäbische Kartoffelsalat. Zudem die vegane Variante des Gründonnerstag-Klassikers Maultaschen in der Brühe (siehe Seite 31). Sie dient ferner als würzige Zugabe für die Trollinger-Sauce (siehe Seite 82), für Gaisburger Marsch (siehe Seite 78), Maultaschen mit Risotto (siehe Seite 126) sowie weitere Rezepte in diesem Buch.

ZUBEREITUNGSZEIT: **25 MINUTEN** | GARZEIT: **1 STUNDE**

FÜR ETWA 2 L

2 Tomaten
2 Knoblauchzehen
2 Zwiebeln
1 mittelgroße Knolle Sellerie mit Kraut; alternativ 1 Petersilienwurzel oder Pastinake
4 mittelgroße Karotten
1 Stange Lauch
2 Lorbeerblätter
5 Wacholderbeeren
1 TL schwarze Pfefferkörner
½ Bund Petersilie
Salz
frisch geriebene Muskatnuss

ZUBEREITUNG

Die Tomaten waschen und halbieren. Knoblauchzehen und Zwiebeln ebenfalls halbieren. Den Sellerie schälen, das Kraut waschen. Die Karotten und den Lauch gründlich waschen. Das Suppengemüse in grobe Würfel schneiden (etwa 2 × 2 cm).
Alles zusammen mit Lorbeerblättern, Wacholderbeeren und Pfefferkörnern in einen großen Topf geben und mit 2,5 l kaltem Wasser auffüllen. Alle Zutaten müssen davon bedeckt sein. Langsam erhitzen und dann 1 Stunde bei geschlossenem Deckel simmern lassen. Die Petersilie waschen und nur die letzten 10 Minuten mitgaren. Sie bringt viel Geschmack mit, aber wenn man sie zu lange kocht, bewirkt sie auch eine Eintrübung der Brühe. Ab und zu den aufsteigenden Schaum mit einem Schaumlöffel abschöpfen, damit die Brühe klar bleibt.
Die Brühe durch ein feines Sieb gießen und mit Salz und Muskatnuss abschmecken.

TIPP

Auch diese Brühe kann man prima auf Vorrat zubereiten. Einfach in passenden Portionen einfrieren, man hat sie dann schnell parat.

REGISTER

ÜBER DEN AUTOR

Prof Dr. Volker Klenk ist Schwabe, VfB Stuttgart-Mitglied, Maultaschen-Fan und Unternehmer. Seit vielen Jahren schon liegt ihm die Pflege der schwäbischen Maultaschen-Kultur am Herzen. Als Deutschlands erster und einziger Maultaschen-Blogger schreibt er seit 2014 über Maultaschen und schwäbische Genusskultur (www.oma-lisbeth.de/blog). 2015 hat er das »Maultaschen Manifest« veröffentlicht und 2019 den Gründonnerstag als Welt-Maultaschen-Tag ins Leben gerufen.

ÜBER DAS FOTOTEAM

Nach ihrem Studium an der Fakultät für Design der Hochschule München hat sich **Julia Hildebrand** auf Food- und Still-Life-Fotografie spezialisiert. Vom Tabletop über den ganzen Tisch hinaus, die Liebe zum Detail ist es, was ihre Arbeit ausmacht. Wenn sie nicht gerade mit ihrem Labrador über die Wiesen wandert, findet man sie in ihrer Backstube, wo sie an neuen Rezepten arbeitet. Nachhaltigkeit und ökologisches Gleichgewicht sind ihr nicht nur bei Lebensmitteln ein wichtiges Thema.
Folgen Sie ihrer Arbeit bei Instagram
@augustundjuli.de
www.augustundjuli.de

Ingolf Hatz – kreativer Kopf, Autor, Fotograf und mehr als nur ein Hobbykoch. Seit über zehn Jahren hat er seinen Schwerpunkt auf Themen rund um Food gelegt.
Unterwegs auf Reportagen in den Küchen der Gastronomie fühlt er sich am wohlsten. Ein schneller Teller bereitet ihm genauso viel Ver¬gnügen wie ein Fünf-Gänge-Menü.
Folgen Sie seiner Arbeit bei Instagram
@ingolfhatz

THE LÄND

IMPRESSUM

Verantwortlich: Sonya Mayer
Rezepte & Texte: Dr. Volker Klenk
Foodfotografie & Foodstyling: Julia Hildebrand | Peoplefotografie: Ingolf Hatz
Redaktion: Franziska Sorgenfrei
Layout: Helen Garner
Umschlaggestaltung: Regina Degenkolbe
Repro: LUDWIG:media
Korrektorat: Judith Bingel
Herstellung: Julia Hegele

Printed in Slovakia by Neografia Martin.

Bildnachweis
Alle Bilder des Umschlags und des Innenteils stammen von Julia Hildebrand und Ingolf Hatz – mit Ausnahme von: Seite 40: Shutterstock / Atosan; Seite 43: ©LMZ-BW / Steffen Hauswirth (www.lmz-bw.de); Seite 45, 77, 154: Prof. Dr. Volker Klenk; Seite 89: Shutterstock / NadiaMikushova.

★ ★ ★ ★ ★

Sind Sie mit diesem Titel zufrieden? Dann würden wir uns über Ihre Weiterempfehlung freuen. Erzählen Sie es im Freundeskreis, berichten Sie Ihrem Buchhändler oder bewerten Sie bei Onlinekauf. Und wenn Sie Kritik, Korrekturen, Aktualisierungen haben, freuen wir uns über Ihre Nachricht an: Christian Verlag, Postfach 40 02 09, D-80702 München oder per E-Mail an lektorat@verlagshaus.de

Unser komplettes Programm finden Sie unter: www.christian-verlag.de

Alle Angaben dieses Werkes wurden vom Autor sorgfältig recherchiert und auf den neuesten Stand gebracht sowie vom Verlag geprüft. Für die Richtigkeit der Angaben kann jedoch keine Haftung übernommen werden, weshalb die Nutzung auf eigene Gefahr erfolgt. Sollte dieses Werk Links auf Webseiten Dritter enthalten, so machen wir uns die Inhalte nicht zu eigen und übernehmen für die Inhalte keine Haftung.

In diesem Buch wird aus Gründen der besseren Lesbarkeit das generische Maskulinum verwendet. Weibliche und anderweitige Geschlechteridentitäten werden dabei ausdrücklich mitgemeint, soweit es für die Aussage erforderlich ist.

Die Deutsche Nationalbibliothek verzeichnet diese Publikation in der Deutschen Nationalbibliografie; detaillierte bibliografische Daten sind im Internet über http://dnb.d-nb.de abrufbar.

ISBN 978-3-95961-778-9

Ebenfalls erhältlich ...

ISBN 978-3-95961-731-4

ISBN 978-3-86244-975-0

ISBN 978-3-95961-586-0

ISBN 978-3-95961-637-9

ISBN 978-3-95961-406-1

ISBN 978-3-95961-412-2